基于商业银行信贷行为的货币政策信用传导机制研究

盛天翔 著

The Study on Credit Transmission Mechanism of Monetary Policy Based on the Behavior of Commercial Bank

南京大学出版社

目　录

图表目录

第一章　导　论

第一节　问题的提出

2008年第4季度开始，为应对金融危机引起的全球性经济衰退，保持国内经济增长的速度不出现大幅度下滑，在4万亿投资计划、十大产业振兴规划、取消信贷规划约束等一系列积极的财政政策和宽松的货币政策下，国内的固定资产投资大规模增长，消费水平保持平稳，宏观经济逐步回稳并呈现复苏迹象。与之相伴的是全国信贷投放的天量增长，2009年新增人民币贷款9.6万亿元，远远超过当年计划的5万亿元目标，几乎为2008年投放量的两倍。为控制信贷量的增长过快，2009年7月，中国人民银行不得已又实质上恢复信贷规划约束，但是2010年依然继续新增7.9万亿元。信贷规模迅速扩张的宏观经济影响以及央行对银行信贷供给的调控能力等问题再次引起了国内外理论界和实务界的广泛关注。

从全球的历史经验来看，在每次重大的经济和金融危机中，银行的信贷供给都扮演着重要的角色，例如，20世纪30年代的美国经济大萧条、20世纪80年代的拉美债务危机、1997年的亚洲金融危机以及2008年开始的全球经济危机。对转型期的中国而言，宏观经济的运行情况更是与信贷投放密不可分，因为目前我国的金融体制依然以商业银行为基础，间接融资方式占据了主导地位，银行信贷作为非金融机构融资的主要手段，是大多数企业最重要的获取资金的场所，以2000—2010年为例，每年银行新增信贷量占总融资量的72%以上，最高达85%，具体如图1.1所示。当微观层面的企业经营面临的信贷可得性发生变化时，企业的投资消费决策很可能会受到影响，折射到宏观层面上就是信贷的波动很可能导致宏观经济增长以及物价总水平的波动。我国的历史数据显示，尽管每次经济周期持续的时间和波动率存在着差异，信贷量的增长变化常常是经济增长和通货膨胀的重要先行指标，如图1.2所示。这些数据都从直观上反映出信贷量对整个经济体系的变动起着至关重要的作用。

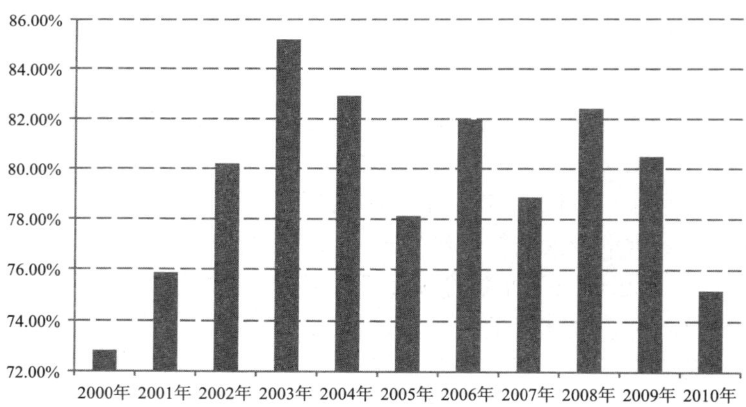

图1.1　2000—2010年我国非金融机构部门融资量中贷款比重①

在信贷调控手段方面，1998年中国人民银行正式取消了对商业银行贷款的限额控制，将原来的指令性计划改为指导性计划，每年仅对商业银行的新增贷款提出一个参考目标量，商业银行在遵循相关监管要求的前提下自主经营。但是，由于商业银行自身经营的需要，每年实际新增的贷款发放量与参考目标之间存在着

① 数据来源于2001—2010年每年四季度的《中国货币政策执行报告》，总融资量中包括贷款、股票和债券，其中贷款额为本外币贷款融资，股票融资不包括资产型定向增发融资，不包括金融机构融资。

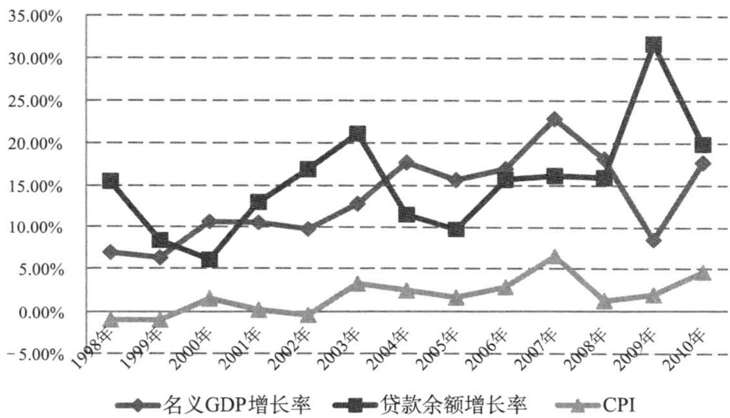

图 1.2　1998—2010 年我国经济增长、CPI 与信贷增长的关系

一定的偏差，间接调控的方式常常无法满足央行预期的目标，其中，2002 年超过央行指导性参考值的 47%，2003 年超过参考值的 67%，2004 年和 2005 年低于参考值，2006 年超过参考值的 27%，2007 年超过参考值的 23%。由于信贷量的过快增长，为避免经济过热和通货膨胀过高等问题，2007 年第 4 季度中国人民银行对大型商业银行进行“道义劝告”来约束信贷投放，并且在 2008 年提出信贷规划约束，实质上为贷款限额控制。2008 年第 4 季度，随着国际金融危机急剧恶化，为保持银行体系流动性充分供应，促进货币信贷合理平稳增长，又再次取消对金融机构信贷规划的硬约束。不过，2009 年的天量信贷使得央行不得不重新恢复信贷控制。因此，从中国人民银行对信贷控制的重视程度上来看，当间接调控效率较低时，货币当局甚至不惜回归计划经济的时代，对信贷规模进行管控，这充分说明了监管层认为信贷量对经济调控起着巨大的作用。

基于中国转型期的实际宏观经济数据和信贷政策调控手段运用的分析，国内很多学者在研究中国货币政策传导机制时，对信用渠道传导的作用是持肯定态度的，并进行不同层面的深入探讨。首先，在比较货币政策的货币渠道和信用渠道时，大致形成两类基本观点：一种观点认为我国货币政策传导的主要渠道是货币渠道，信用渠道的作用不明显，例如冯春平（2002）、陈飞等（2002）、孙明华（2004）等；另一种观点则认为转型期内信用渠道在我国货币政策传导中占主导地位，或者说比货币渠道更重要一些，例如王振山和王志强（2000）、李斌（2001）、周英章和蒋振声（2002）、盛朝晖（2006）、盛松成和吴培新（2008）等。大部分国内学者认为中国货币政策的信用传导渠道是强于货币传导渠道的。其次，学者们在分析信贷量的宏观经济效应时，根据信贷量影响的强度和方向不同，主要得出三种结论：第一类观点认为信贷量对经济增长和通货膨胀有长期的正向作用，例如刘涛（2005）、盛松成和吴培新（2008）；第二类观点认为信贷量对经济增长有长期正向作用，但是对价格水平在短期和长期却是有不同的影响方向，例如，蒋瑛琨等（2005）、章晟和李其保（2009）、潘敏和缪海斌（2010）；第三类观点认为信贷对经济增长和通货膨胀的影响较弱且时效较短，例如，许伟和陈斌开（2009）。

结合我国转型期内的经济金融特征和已有的关于中国货币政策传导机制的大量研究，我们认为信用渠道在货币政策的传导中扮演了重要角色。在信贷调控由直接调控转变为间接方式为主以后，商业银行的信贷决策行为很可能会对货币政策传导产生巨大的影响，信贷投放的实际量与目标值的较大差距甚至逼迫央行暂时恢复信贷计划约束，这从侧面反映了央行对商业银行的信贷供给存在着一定程度的不可控性。同时，随着中国金融业的不断发展，银行业市场结构发生了翻天覆地的变化，银行监管体制也日益完善，对商业银行的监管逐步从“软约束”过渡到“硬约束”，巴塞尔协议的引入和实施更是加快了中国金融业监管与国际接轨的进程，银行监管的深入将会对银行的市场化经营产生更深远的影响。

在新的宏观金融环境下，随着中国银行业市场结构的改变和金融监管的日益严格，商业银行的利润最大化经营行为会对货币政策产生何种反馈？进而对整个银行业信贷总量的供给产生何种影响？最终导致怎样的货币政策宏观经济效应？以及调控过程中货币政策的制定是否会和银行监管规定在目标上产生冲突？应该如何对两者进行协调？本书将尝试在货币政策的信用传导机制中研究这一系列问题，这对于中央银行更有效地进行货币政策操作，把握宏观调控方向，提高货币政策的效力有着十分重要的理论意义和现实意义。

第二节　选题的理论意义和现实意义

本书受到货币经济学新范式的启示，在研究问题时注重宏观分析和微观基础的结合，考虑信贷的异质性，对信贷结构进行划分，分析了信贷投放的宏观效应和货币政策工具对银行信贷供给的影响效力；在微观分析中，以商业银行经营的利润最大化原则构建数理模型，融入中国银行业的结构特征，理论推导了银行监管等因素对商业银行信贷决策行为的影响，并进行实际数据的检验。整个研究过程为分析中国货币政策的信用传导机制提供了新的结构视角，考察了货币政策和银行监管的配合协调问题，具有一定的理论意义和现实意义。

一、理论意义

第一，国内学者大多认为信贷总量对经济增长和价格水平存在显著的影响，但对具体的影响强度甚至影响方向却有不同的结论。何种原因造成了信贷扩张对经济增长和通货膨胀不同的影响效应？目前国内从信贷总量层面开展的研究没有能够给出令人满意的答案。中国在信贷总量快速增长的同时，信贷结构也发生了较大的变化，不同期限的贷款在宏观经济运行中的使用范围存在显著差异，本书分析了这两类贷款的传导机制，为厘清我国信贷总量扩张的宏观经济效应提供一个全新的视角。

第二，目前国内大部分学者认为货币政策工具能够起到信贷调控的作用，但是在各类工具的实际效力上结论不同，相关研究没有能够系统地去解释几类货币政策工具的影响。本书将几类工具统一纳入一个框架下进行全面的比较分析。通过引入可变参数状态空间模型，分析了各类工具对信贷量的动态影响过程，进而分析不同时间段所产生的不同效力，并揭示它们之间的内在联系，使得整个分析过程更具有说服力和严密性。

第三，商业银行在货币政策的信用传导渠道中起着非常关键的作用，随着银行监管的日益规范和深入，银行的经营行为将受到相关监管要求的影响，这会导致货币政策效果的改变。另外，银行业市场结构和银行体系的发展也是影响信用传导机制发挥作用的重要因素之一。国内现有文献中对市场结构和监管问题的研究从多个角度展开，但是对相关因素的考察还不够完全，并且很多是侧重于实证检验的，缺乏理论基础。也有部分学者借鉴国外学者的研究基础，进行数理模型的理论分析，不过还不能够构造出一个综合考虑银行经营活动、银行监管和银行业市场结构的信贷决策模型。本书尝试在国内外学者的模型基础上，将三者结合起来，全面分析银行的经营管理成本、法定存款准备金率、资本充足率、贷存比、资产质量和中国银行业竞争度对信贷供给的影响，整个研究过程可以在一定程度上弥补目前理论分析方面的不足。

二、现实意义

第一，本书通过分析不同期限结构的信贷所造成的经济效应，提出了中国的银行监管及信贷政策应该要关注信贷的期限结构，无论是货币政策整体宽松还是紧缩，都应该特别注意加强对信贷资金真实性使用背景的监管。我们的研究结论进一步支持了中国银行业监督管理委员会出台的“三个办法一个指引”、《国务院关于加强地方政府融资平台公司管理有关问题的通知》等政策法规，并为未来更多信贷政策的制定指出了一定的方向。

第二，本书通过对货币政策的数量型工具和价格型工具效用的实证检验，分析了法定存款准备金率、公开市场业务、基准利率三类工具在调控信贷总量以及期限结构方面的效率，相应的结论具有较强的实践指导意义，可以为货币当局在未来市场化信贷调控工具的选择上提供良好的数据基础。

第三，本书测度了2003年至2010年中国银行业竞争程度的变化情况，并在前期理论模型的基础上，通过十四家商业银行的微观经营数据，对理论分析所得出的结论进行了实证检验。结果显示，在实际的银行信贷供给决策中，由于相关监管指标的满足程度处于不同阶段，有少数指标的影响方向可能会存在与理论结论不相符的情况，我们对该种现象进行了合理解释。另外，我们还检验了银行监管可能会对信贷期限结构造成的冲击，这能够为新巴塞尔协议逐步实施后的影响提供一定的前瞻性判断。

第四，本书的研究结论能够为完善中国货币政策框架提出有意义的建议，认为货币政策中介目标的选择上应该添加信贷量指标，并着重考虑其内部的结构。同时，注重银行监管对信贷供给所带来的影响，加强对商业银行信贷行为的影响，从而进一步完善货币政策的有效性。

第三节 研究的基本思路和结构安排

本书主要是沿着货币政策信用传导机制的过程进行分析，从最终目标到中介目标，再到操作工具，在宏观分析的前提下，融入对银行信贷行为的微观检验。我们首先考察中介目标信贷量及其期限结构对宏观经济的影响，其次研究货币政策工具对信贷供给和期限结构的调控作用，最后在宏观的基础上，打开商业银行经营的黑箱，分析银行业监管和银行业市场结构如何对银行的信贷决策产生影响，也探讨了新巴塞尔协议实施后可能造成的后果，最终为如何完善中国的货币政策框架，协调货币政策和银行监管关系，从而提高货币政策的效力提出了一些政策建议。

全书共分为七章，除了第一章绪论外，其余各章主要安排如下。

第二章，对货币政策传导机制的内涵进行界定，并且对货币政策传导机制的“货币观”和“信用观”的相关理论进行回顾与评述。然后总结了中国货币政策调控的演变过程，比较分析了国内学者关于中国货币政策传导机制的相关研究成果，最后按照货币经济学新范式带来的启示作为后续研究的出发点。

第三章，将贷款按期限划分为短期贷款和中长期贷款后，通过应用一个小型 DSGE 模型，理论分析了不同期限的贷款对经济增长和物价总水平所产生的不同影响，并且以我国 1998—2010 年的宏观数据为样本，使用 FAVAR 检验了相应的观点，最后借助相关的结论解释了信贷期限结构的经济效应。

第四章，对货币政策与信贷关系的研究范畴进行了划分，并借助商业银行的资产负债表从理论上探讨了货币政策工具对信贷供给的影响；通过固定参数模型和可变参数状态空间方程，以 1998—2010 年的季度数据，检验了各类货币政策工具对信贷总量及结构的调控作用。

第五章，回顾了中国银行业监管的现状及现有的相关研究成果，构建一个综合考虑银行经营活动、银行监管和银行业市场结构的商业银行信贷决策模型，在货币政策对信贷行为的影响框架下，分析了银行监管对信贷量及其结构可能产生的调节作用以及银行监管对货币政策执行效果的影响。最后探讨了银行监管和货币政策的协调问题，预估了巴塞尔协议Ⅲ的引入可能会对银行贷款行为造成的冲击。

第六章，首先描述了中国银行业发展的变迁过程，并且对中国银行业的结构进行了测度，然后以上一章的理论模型为基础，建立了面板数据的回归计量模型，实证检验了银行监管对信贷供给及信贷期限结构的影响，对与前期理论结论不一致的地方做出了相应解释。

第七章，结论与政策建议。对全书进行了最终总结，分析了中国的货币政策信用传导机制，强调了信贷结构问题。在中国银行业快速发展的环境下，为完善中国货币政策框架，协调货币政策和银行监管的关系提出了一些政策建议。

全书的整体研究技术路线图可以用图 1.3 呈现。

第四节 研究方法和可能的创新之处

本书试图以货币经济学新范式的思想为基础，以货币政策传导的途径为主线，基于商业银行信贷行为研究中国的货币政策信用传导机制。主要采用了宏观框架下进行微观机理分析的研究方法。

(1) 规范分析法。该方法主要体现在理论准备与创新性观点的阐述方面。

(2) 动态随机一般均衡(DSGE)模型。该方法能够兼顾微观分析和宏观分析，在本书中能够用于体现不同期限的贷款对宏观经济冲击的路径，从而使得理论分析具有严谨性和一致性。使用的软件为 Matlab2010。

(3) 数理模型分析法。主要用于研究银行的微观信贷行为，综合考虑几种影响因素，构建相应的数理模型，并通过对模型的推导获得直观的结论。

(4) 实证分析法。运用公开的各类宏微观数据对数理模型的结论进行实证检验，主要方法有 FAVAR (Factor-augmented VAR)、可变参数状态空间模型和动态面板回归模型，从而使得研究结论更加科学、合理，更具说服力。使用的计量软件是 Eviews6.0。

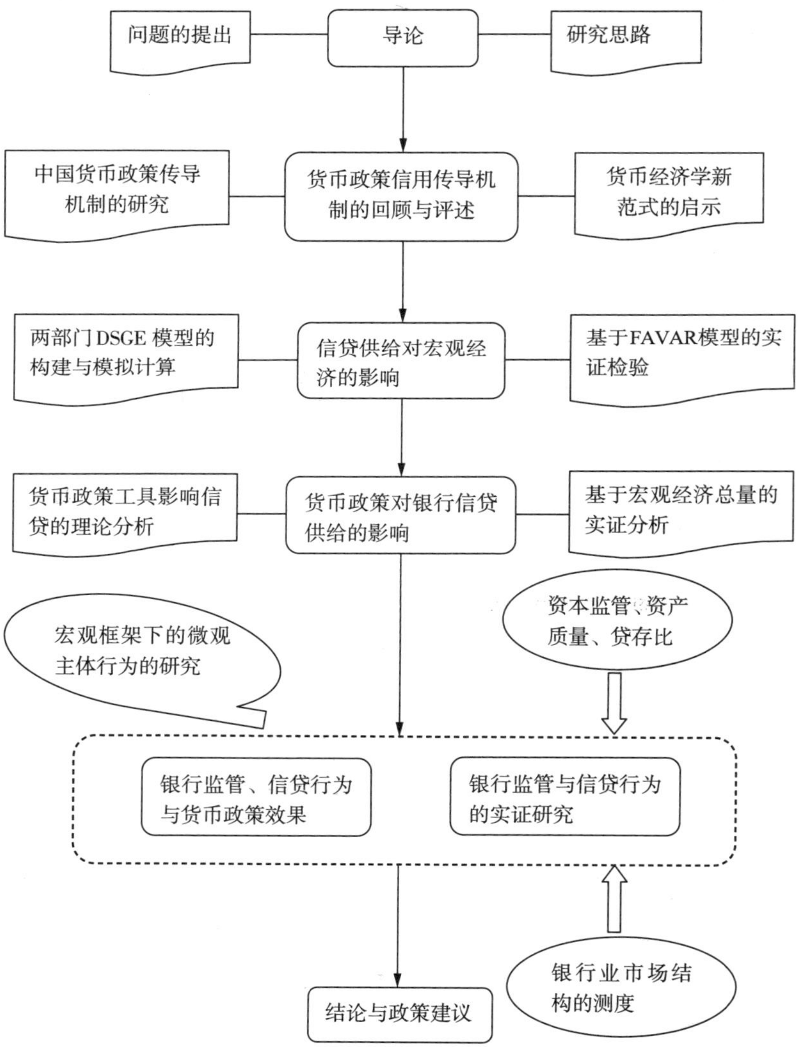
问题的提出
导论
研究思路
中国货币政策传导机制的研究
货币政策信用传导机制的回顾与评述
货币经济学新范式的启示
两部门DSGE模型的构建与模拟计算
信贷供给对宏观经济的影响
基于FAVAR模型的实证检验
货币政策工具影响信贷的理论分析
货币政策对银行信贷供给的影响
基于宏观经济总量的实证分析
宏观框架下的微观主体行为的研究
资本监管、资产质量、贷存比
银行监管、信贷行为与货币政策效果
银行监管与信贷行为的实证研究
结论与政策建议
银行业市场结构的测度

图 1.3　研究技术路线图

本书可能的主要创新点如下。

(1) 现有国内外的研究中,考察不同结构的信贷对宏观经济影响时,主要按照信贷持有主体的结构展开,本书提出由于不同期限的贷款在宏观经济运行中的使用范围存在显著差异,因此从信贷期限结构的视角去研究信贷量经济效应,在理论上来说,具有一定的突破性。

(2) 本书将几类货币政策工具纳入一个框架下进行比较分析,揭示了它们在不同时间段对信贷供给所产生的不同效力,与现有文献相比,采用的数据样本覆盖期间更长,研究内容上也更加全面,相关结论对货币当局的政策操作有一定的指导意义。

(3) 本书从商业银行经营角度来分析转轨经济中商业银行的信贷行为,建立了一个考虑银行监管和产业结构的银行信贷供给模型,理论模型的构建比现有研究更加贴近现实,从而在理论分析上有所创新。在实证研究中,首次加入了银行竞争度等指标,计量检验可能比过去的实证分析更具有说服力。

(4) 以全书的理论分析和实证研究为基础,探讨了如何完善中国的货币政策框架,协调货币政策和银行监管,最后的政策建议具有较好的理论基石,从而有更好的实践指导作用。

第二章　货币政策信用传导机制的回顾与评述

第一节　货币政策传导机制的内涵

货币政策传导机制一直是货币政策分析中最重要的话题之一，在现有的文献中，货币政策传导机制一般被称为“货币传导机制(money transmission mechanism)”或“货币政策传导机制(monetary policy transmission mechanism)”。

Papademos & Modigliani(1986)认为，“货币传导机制”是货币影响实际及名义量值的渠道和机制。① TayLor(1995)则认为，货币政策传导机制是货币政策通过某种渠道引起真实 GDP 和通货膨胀变动的过程。黄达(2000)指出，“一定的货币政策工具，如何引起社会经济生活的某些变化，最终实现预期的货币政策目标，就是所谓货币政策的传导机制”。② 因此，国内外学者对于货币政策传导机制的基本看法是类似的。具体来说，货币政策的传导机制描述的是中央银行在确定货币政策的目标后，使用操作工具影响实体经济中总产出、物价水平等经济总量的作用途径。由于各学派对有效的货币政策操作工具、中间目标的选择以及经济

---

① 摘自弗里德曼、哈恩主编，《货币经济学手册》(中译本)，陈雨露、曾刚、王芳等译，北京：经济科学出版社，2002 年 6 月第 1 版，第 379 页。

② 摘自黄达，《货币银行学》，北京：中国人民大学出版社，2000 年 8 月第 2 版，第 360 页。

结构的看法存在诸多分歧，基本的假设观点也不尽相同，因此形成了不同的货币政策传导机制理论。目前，国内外学术界对货币政策传导机制的主流理论大致可以分为"货币观点"和"信用观点"。

虽然货币政策传导机制的理论存在着巨大差异，但是一条标准的货币政策传导机制所包含的环节基本是一致的。货币政策传导机制是货币政策变量与经济变量之间相互作用的过程，整个途径中应该包括三大类变量：货币政策变量、中间变量和最终目标变量，不同理论的分歧则在于具体的传导渠道。货币政策变量一般是指货币政策工具，它是由中央银行直接调控的变量，中国人民银行明确列出中国的货币政策工具包括四大类：公开市场业务、存款准备金、再贴现和中央银行贷款、利率政策。参考索彦峰(2008)的概括——"中间变量可以进一步分为操作目标和中介目标，操作目标通常是指货币政策工具能够灵敏地影响其变化的变量，而中介目标则是间接地反映和度量货币政策执行效果的中间变量"①——中介目标又可以分为数量指标和价格指标两大类，数量指标主要为货币供应量、信贷规模等，价格指标主要为利率、汇率等。最终目标变量是指货币当局想要实现的目标，一般包括充分就业、稳定物价、经济增长和国际收支平衡四项内容。在实际的经济发展中，货币政策事实上很难同时满足四项目标的要求，所以各国都以其中一项作为主要目标。1995 年颁布并在 2003 年修改的《中华人民共和国中国人民银行法》明确规定，我国货币政策的目标是："保持货币币值稳定，并以此促进经济增长。"

中国人民银行则将货币政策传导机制概述为"货币政策从政策手段到操作目标，再到中介目标，最后到最终目标发挥作用的途径和传导过程的机能。货币政策分为制定和执行两个过程，制

① 索彦峰，《货币政策传导机制的理论脉络、内涵界定及实证方法》，南京审计学院学报，2008 年 2 月。

定过程从确定最终目标开始，依次确定中介目标、操作目标、政策手段。执行过程则正好相反，首先从操作政策手段开始，通过政策手段直接作用于操作目标，进而影响中介目标，从而达到最后实现货币政策最终目标的目的。"①

综上所述，整个传导的过程可以用图 2.1 表示。金融机构（商业银行）主要在操作目标向中介目标传导的过程中产生影响，中介目标向最终目标传导的过程中，主要是相关的实体部门（企业和居民）发挥作用。

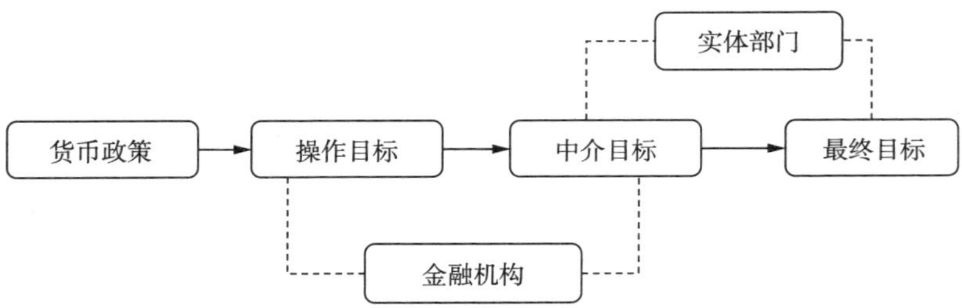

图 2.1　货币政策传导机制的过程

第二节　货币政策传导机制的货币观和信用观

一、货币政策传导机制的货币观

货币政策传导机制的货币观点包括了利率渠道、汇率渠道和资产价格渠道，持货币观点的学者们认为，金融资产只有货币和债券两种形式，银行贷款只是属于债券的一种，贷款和债券可以相互替代，在这种情况下，企业的直接和间接融资完全相同。此时货币政策的传导过程主要是通过不同金融资产的价格变化发

① 摘自中国人民银行网站。

生作用,最终影响投资水平和产出。相关理论主要基于完全信息的金融市场假设,但是忽略了金融市场的自身结构问题和信息不完全问题。

(一) 利率渠道

利率渠道是货币政策传导机制中最早提出的,也是最基本和重要的一个,是其他途径的作用基础。20 世纪 30 年代的经济危机催生了凯恩斯主义理论,该理论认为应该采取主动的政策调整来保证经济的稳定运行,并提出了货币政策通过利率影响有效需求的传导机制,Hicks(1937)&Hansen(1953)进一步构筑了属于一般均衡的 $IS-LM$ 模型,明确提出货币政策的利率传导机制,即货币的扩张会通过以下机制对实体经济产生影响:货币政策(M)↑→利率(i)↓→投资(I)↑→总产出(Y)↑。货币供应量(M)上升导致利率水平(i)下降,投资成本下降使得投资(I)增加,包括企业投资、消费者住房和耐用消费品投资,最终促进了总需求和总产出的增加。TayLor(1995)进一步通过实证数据指出,利率水平改变了融资成本,从而对消费支出以及投资支出产生重要作用,货币政策的利率传导机制很强。但是,凯恩斯的货币传导理论存在一个较大的缺陷,它没有考虑到金融资产之间的替代性,以及名义财富和实际财富相互影响的问题。

(二) Tobin q 理论

后凯恩斯主义开始重视非货币金融资产价格的传导分析,相关的货币政策传导机制理论则主要包括 Tobin 的 q 理论和 Modigliani 的居民财富传导机制理论。

Tobin(1969)研究了货币发行与资本存量变化之间的关系,提出 q 理论,本质上属于一种资产组合选择理论。他认为货币政策通过利率改变资产结构,从而影响股票价格(P_e),股票价格的变动将会调整企业的重置成本(q),最终决定企业的投资水平(I),进而改变实体经济的总产出(Y)。q 为企业的市场价值与资本重置成本之比。如果 q 值大于 1,表示企业的可以通过发行较少的股票来建设较多新的固定资产，倾向于弃旧置新，提高投资总额；如果 q 值小于 1，企业新建投资的成本高于市场价值，企业将不愿意购买新的厂房设备，倾向于减少投资。

整个传导机制表示如下：货币政策（M）↑→利率（i）↓→股票价格（P_e）↑→重置成本（q）↓→投资（I）↑→总产出（Y）↑。

（三）居民财富效应理论

货币政策通过资产价格传导的另一条途径是居民财富效应。Modigliani（1954、1971）提出了生命周期模型，认为消费水平取决于消费者生命周期内的总财富，包括了实际资本、金融财富和人力资本，其中金融财富的主要组成部分是普通股票。生命周期内总财富的变化会影响居民的收入预期，进而影响居民的消费行为。当股票价格上升时，金融财富的增加导致消费者收入资源的增长，从而使得居民的消费上升。货币政策的财富效应渠道认为货币政策引起了利率的变化，导致股票价格（P_e）的变化，带来居民总财富（TI）的变动，从而引起消费水平（C）的变化，并最终导致经济总产出（Y）的变化。

整个传导机制表示如下：货币政策（M）↑→利率（i）↓→股票价格（P_e）↑→总财富（TI）↑→消费（C）↑→总产出（Y）↑。

（四）汇率渠道

随着经济全球化发展以及浮动汇率制的出现，货币政策的汇率传导途径也开始引起学者们的重视。国际资金的流动对国内货币流通的影响以及汇率对净出口的影响，成为普遍关注的问题。Mundell（1962）& Fleming（1962）建立 $IS-LM-BP$ 模型，用于分析货币政策通过汇率渠道对实体经济的影响。货币政策对汇率的影响与货币政策对利率水平的影响机制类似，这一传导途径发挥作用的关键是利率对汇率的决定作用。扩张性货币政策（M）导致实际利率（i）下降，从而使得本国的投资收益率下降，导致资金流出本国，引起了本国的汇率（E）贬值，因此本国的净出口（NX）会增加，最终使得实体经济的总产出（Y）提高。

整个传导机制表示如下：货币政策(M)↑→利率(i)↓→汇率(E)↓→净出口(NX)↑→总产出(Y)↑。汇率渠道的传导效应，在全球一体化的时代有着越来越重要的作用。

二、货币政策传导机制的信用观

"货币观"主要是强调银行资产负债表的负债方(货币)在货币政策传导中的重要作用，但是却忽略了银行资产负债表的资产方(信贷)的作用，这是不合理的，作为资产的一方同样会对经济活动产生重要影响。而且，20 世纪 30 年代、80 年代以及 90 年代出现的美国经济衰退也导致了货币观的理论困境，货币供给的变化并不足以解释经济的波动。学者们将目光转向资产方(信贷)所发挥的作用上，并最终形成货币政策传导的"信用观点"，主要包括银行贷款渠道、银行资本渠道和资产负债表渠道。

(一) 银行贷款渠道[①]

银行贷款渠道(bank loan channel)一般被认为是狭义的信用传导机制，着重分析货币政策如何通过改变银行的贷款供给量影响借款人的可贷资金，最终影响实体经济。

货币政策信用渠道来源于 Roosa(1951)提出的信用可得性学说，强调了准备金和利率的变动将会改变银行的贷款供给能力，当企业的原始需求没有减少时，由于可得信贷量的减少，实际支出将受到影响，最终波及整个社会的经济产出。信用可得性学说在很大程度上是以信贷配给为基础的。20 世纪 70 年代，信息经济学的发展为解释信贷配给的现象提供了更多理论基础。Jaffee & Russell(1976)建立了一个存在事前不对称的消费信贷市场模型($J-R$ 模型)，认为银行通过限制贷款的数量来应对逆向选择和道德风险。Stiglitz & Weiss(1981)提出了 $S-W$ 模型，认为由

① 不少学者在相关研究中也将其称为"银行信贷渠道"或"信用渠道"，本章在后续的文献回顾中将不做区分，其内涵一致。

于存在逆向选择和道德风险，随着利率的提高，贷款数量的增长反而出现下降，银行会在高利率水平上拒绝一部分贷款要求，从而产生信贷配给均衡。Williamson(1986，1987a，1987b)证明，由于存在事后的不对称信息，即使不存在逆向选择和道德风险问题，贷款人的监控成本也会造成信贷配给现象。总的来说，信贷配给理论的发展初步奠定了货币政策影响实体经济的微观基础：当企业的融资渠道仅有银行信贷时，在遭受信贷配给时，企业将会收缩投资，从而带来经济总产出的下降。

信贷配给现象促使学者们进一步思考信贷和金融中介(尤其是银行)对宏观经济的重要作用。Bernanke & Blinder(1988)开创性地将金融资产分为货币、债券和银行贷款，并且假定它们之间不能完全替代，在此基础上建立了 *CC*-*LM* 模型，信贷市场、货币市场和商品市场三个市场存在均衡，奠定了银行贷款渠道的理论基础。Bernanke & Blinder(1992)指出，中央银行可以通过调整准备金规模，改变商业银行贷款供给的能力，在紧缩性的货币政策下，依靠银行贷款融资的企业由于资金需求得不到满足，将不得不缩减生产和减少投资，最终影响总需求。Kashyap & Stein(1994)则概括指出银行信贷机制的存在必须满足三个前提：第一，价格调整存在粘性，从而导致货币政策的影响非中性化；第二，至少存在一些借款人，在其资产负债表的负债方，银行贷款和非银行资金来源之间不能完全替代。也就是说，总有一些借款人必须依赖银行融资，在遇到贷款供给下降时，不能通过非银行资金来弥补贷款的减少，从而会影响到企业经济活动的变化；第三，货币政策能够影响银行的贷款供给，在银行资产负债表的资产方，银行贷款与证券无法完全相互替代。也就是说，央行在实行紧缩性政策时，银行无法通过减少证券持有来保持或增加贷款供给。

综上所述，货币政策通过银行贷款渠道传导的过程可以简单描述如下：货币政策(M)↓→银行贷款(L)↓→投资需求(I)↓→

总产出(Y)↓。信贷渠道的传导并不通过利率来调整总需求，而是通过信贷供给曲线左移来减少信贷的可得性，从而削减信贷需求，降低了投资水平，最终减少总产出。

（二）资产负债表渠道

资产负债表渠道(Balance Sheet Channel)一般也被称为广义的信用传导机制，该传导机制指出了外部融资溢价的概念，即外部融资不能完全替代内部融资，信用市场上的不对称信息将会造成外部融资与内部融资之间的成本溢价。借款人面临的外部融资溢价取决于其资产负债表所反映的内部财务状况，货币政策变化导致和借款人财务状况有关的金融因素变化，从而改变外部融资溢价，外部融资溢价的波动又将影响借款人的投融资和支出决策，从宏观层面上表现为经济的波动。借款人财务状况可以通过企业净值来表示，它的表达式为：企业净值＝流动资产＋非流动资产的抵押价值。企业净值越小，外部融资溢价越高，融资条件越不利。

资产负债表渠道的理论突破来自Bernanke & Gertler(1989)在Williamson(1987)的基础上，建立的一个新古典商业周期模型。该模型分析了当存在代理成本时，内部资产净值的作用，认为内部资产净值会影响企业资金成本，代理成本导致外部融资溢价升高，信贷条件的恶化在经济紧缩时将放大其对经济的冲击，而且这种机制是非线性的，这为资产负债表渠道奠定了明确的微观基础。

Greenwald & Stiglitz(1993)假定借款人只能进行债务融资，而且最初的股权和资产净值将限制其在资本市场的融资量，因此当现金流下降时，借款人被迫减少投入水平，最终实现较低的产出水平，从而放大了现金流下降所造成的冲击。Gertler & Gilchrist(1993)认为，无风险利率的上升将削减可抵押物的净价值，从而提高借款人外部融资的额外费用，进而影响资金总成本，改变借款人的投资决策行为，并且净价值越大，银行越愿意为该类借款人提供贷款，相应金额也会提高。Oliner & Rudebusch (1996a)研究发现，大型企业和小型企业面对货币政策冲击时，在固定资产投资上会出现不同的反应，主要出现在衰退阶段以及货币政策紧缩阶段。Kiyotaki & Moore(1997)建立了一个基于种植业扩大再生产的动态一般均衡模型，认为资产价格(土地)的内生波动会导致借款人资产净值、支出和产出的变化，暂时性的技术冲击通过资产价格效应增强了初始的扰动。可以看出，不少学者已经注意到借款人的资产负债状况在经济冲击中的关键性作用。

Bernanke & Gertler(1995)正式提出了“资产负债表渠道”的概念，认为货币政策会影响借款人的资产负债表，改变其财务状况，影响外部融资额外费用，进而改变他们的投资和支出行为。同时，引入了利息负担率(Coverage Ratio，非金融企业的利息支出/利息与利润之和) 的概念，认为可以使用这个指标来衡量企业的财务状况。Bernanke 等(1996)提出了与资产负债表渠道密切相关的“金融加速器(Financial Accelerator)”的概念，借款人资产负债表具有周期性的内生性变动，能够强化和传导商业周期，金融加速器效应将信贷市场状况变化所带来的最初冲击进行了放大。Bernanke 等(1998)以 DNK(Dynamic New Keynesian)框架为基础，构建了动态一般均衡的 BGG 模型，对金融加速机制在经济波动中的作用进行了相对完整的描述，完成了对广义信用传导机制的规范分析，即以微观经济主体的金融加速器机制为基础，从企业现金流效应和资产价格效应两个方面去解释货币政策的传导过程。为提高实证上的相关性，模型中加入了三个假设(货币与价格“粘性”，投资的“滞后性”，企业间的“异质性”)，这使得模型的校准和模拟与实际经济运行更加吻合。

综上所述，资产负债表渠道之所以存在，参考夏德仁等(2003)的概括，主要是货币政策从两个方面影响了借款人的财务状况。一方面，由于借款人可能会持有一些未到期的浮动利率的债务，利率的调整会直接改变借款人的利息支出，从而影响其净现金流量及财务状况。另一方面，利率的调整通常也会带来资产价格的改变，导致借款人抵押资产价值的变化。这两个方面的作用都会影响企业的净价值和信贷资信度，从而影响企业的筹资能力和投资活动。

货币政策通过资产负债表渠道传导的过程可以简单描述如下：货币政策(M)↓→利率(i)↑→企业净价值(V)↓→外部融资成本(C)↑→投资需求(I)↓→总产出(Y)↓

（三）银行资本渠道

传统的银行贷款渠道主要强调存款准备金等货币政策工具对银行信贷供给能力的影响，但是从 1988 年开始，由于巴塞尔协议(Basel Ⅰ)首次提出了银行资本充足率监管，并且 20 世纪 90 年代初美国出现了由于信贷萎缩而造成的经济衰退，不少学者开始重视银行资本在货币政策传导中的作用，并侧重于深入分析资本充足率的约束对信贷的影响，逐步提出了货币政策通过银行资本传导的新渠道。我们认为，银行资本渠道应该属于银行贷款渠道的一种衍生，其本质上是货币政策在传导过程中受到了银行资本约束的影响，商业银行面临的资本监管要求将会改变其原先的信贷供给能力。银行资本渠道的传导根据资本充足率不同的作用方式，又可以分为两种不完全相同的途径。

1. 通过银行贷款渠道的间接作用

银行贷款渠道理论认为，货币政策将直接影响银行的信贷供给能力，相关的货币政策工具可以对银行的信贷投放产生影响。但是，当商业银行面临资本充足率约束时，货币政策的原有效应可能会被弱化，并存在非对称性。

Bliss & Kaufman(2003)构建了一个简单的银行资产负债模型，认为在银行贷款渠道中除了存款准备金的约束之外，还需要增加银行的资本约束。在宽松的货币政策下，如果银行受到资本充足率的约束，银行依然无法提高贷款供给的水平，所以在经济萧条期实施扩张性政策时，监管资本的约束将会限制货币政策的有效性。而在经济繁荣发展，实施紧缩性货币政策时，存款准备金的提高能够对银行信贷供给产生有效约束。因此，他们认为在银行贷款渠道中，准备金和资本两个方面的约束是共同作用的，并且资本约束的影响进一步加强了货币政策调节经济的非对称性能力。

与 Bliss & Kaufman（2003）的结论类似，Van den Heuvel（2003）也详细阐述了在货币政策传导中，资本约束通过银行信贷渠道作用的机制。当中央银行实行紧缩性的货币政策，主要是提高法定存款准备金率，导致了银行超额存款准备金下降，由于商业银行的债务市场存在摩擦，无法在短期内获得额外资金以弥补负债缺口，不得不压缩信贷供给，对于受到资本金约束的银行来说，信贷紧缩问题将更加严重。同样，如果商业银行的资本充足率低于最低监管要求，当中央银行实行宽松的货币政策时，降低存款准备金率所释放出的资金将只能用于配置在风险权重更低的资产（如债券）上，无法用于信贷投放，银行的信贷渠道受阻，货币政策效果将大打折扣。Kopecky & Van Hoose（2004a）认为，在短期内银行资本无法轻易调整，资本约束将导致银行信贷供给的下降，转而增加非贷款类资产的持有量。因此，在受到以风险权重计算为基础的资本监管时，扩张性货币政策促进信贷供给的效果至少在短期内会被削弱。同时，Kopecky & Van Hoose（2004b）指出，银行体系的长期规模变量，包括银行信贷总量等对资本监管要求的反应是不明确的。

由此可见，银行资本渠道对于传统银行贷款渠道起着重要的影响作用。资本约束间接作用的渠道可以简单描述如下：

货币政策（M）↓→资本约束→银行贷款（L）↓（加剧）→投资需求（I）↓→总产出（Y）↓

货币政策（M）↑→资本约束→银行贷款（L）无明显变化→投资需求（I）无明显变化→总产出（Y）无明显变化

2. 资本约束的直接作用

银行资本渠道的另一种作用途径，主要是货币政策对资本充足率直接造成影响，从而导致资本监管的约束对银行信贷供给造成冲击。Bolton & Freixas(2000)认为，紧缩性货币政策将导致银行存贷款利差减少，导致贷款盈利能力下降，对银行资本造成的影响会进一步放大信贷紧缩效应，如果银行资本能够保持不变，则货币政策不会对信贷供给产生影响。Chami & Cosimano (2001)建立了一个包含资本充足率约束的动态模型，认为在不完全竞争的银行市场中，当货币政策紧缩时，会减少银行存款和贷款之间的净利差，这将使得未来贷款的供应减少，银行收益降低。同时，他们还首先提出了"银行资本加速器(Bank Capital Financial Accelerator)"，即紧缩性货币政策在降低银行贷款意愿的同时，也降低了银行未来受到资本约束的可能性，银行持有资本的期权价值将会下降。因此，现阶段银行会提高分红的水平，减少资本持有数量，这又进一步导致下期的贷款量受到更加严厉的资本制约。

Van den Heuvel(2002)建立了银行在不完全竞争和资本约束情况下的动态模型，并提出"银行资本渠道(Banking Capital Channel)"的概念，阐述了货币政策对银行资本渠道的作用机制。他认为，由于银行资产的期限比负债的到期期限长，导致其容易受到利率的影响。当中央银行实施紧缩性的货币政策时，利率的提高使得利差减少，从而商业银行的盈利能力下降，除非其大幅度降低分红，否则从长期来看，银行的资本充足率将会不断下降，因此，监管资本的要求会导致银行信贷供给能力的下降，从而放大了货币政策的紧缩性效果。相对于资本充足率高的银行而言，银行资本渠道对于资本充足率较低的银行的约束效应更大。当实施扩张性货币政策时，面临资本约束的银行的信贷供给增加也会较少，削弱了扩张性政策的效果。Markovic(2006)建立的引入银行资本渠道的 DSGE 模型，也认为银行资本渠道是货币政策传导的重要渠道，并且银行的资本充足率存在着顺周期的特征，在经济衰退期会加剧经济的衰退程度。

资本约束直接作用的传导渠道可以简单概括如下：

货币政策(M)↓→银行利润(P)↓→资本充足率↓→银行贷款(L)↓→投资需求(I)↓→总产出(Y)↓

第三节　中国货币政策传导机制的研究

一、中国货币政策调控的演变

“从 1984 年 1 月 1 日起，中国人民银行开始专门行使中央银行的职能，集中力量研究和实施全国金融的宏观决策，加强信贷总量的控制和金融机构的资金调节，以保持货币稳定；同时新设中国工商银行，人民银行过去承担的工商信贷和储蓄业务由中国工商银行专业经营；人民银行分支行的业务实行垂直领导；设立中国人民银行理事会，作为协调决策机构；建立存款准备金制度和中央银行对专业银行的贷款制度，初步确定了中央银行制度的基本框架。”[①]因此，我们以 1984 年为分割线，参考孟建华(2006)的概括和中国人民银行网站的发展历程介绍，将 1984 年以后中国货币政策的传导大致划分为三个阶段。

（一）从国家银行过渡到中央银行体制，信贷计划传导(1984—1992 年)

1983 年，我国对企业的资金管理体制进行了改革，企业资金由财政供给转变为银行贷款，为此后的货币政策通过银行信贷传导创造了基础条件。中国人民银行在专门行使中央银行的职能以后，货币政策传导的渠道发生了变化，传导主体从单一的银行体制扩大为多元的金融机构，形成了中央银行—国有专业银行—

① 摘自中国人民银行网站。

企业的传导渠道。由于工、农、中、建四家专业银行当时在全国金融市场占据垄断地位，占有了中央银行几乎全部的贷款，因此，货币政策主要通过这四家银行进行传导。这一阶段内，货币政策主要通过对四家专业银行下达贷款额度的信贷计划进行更多依赖信用供给的方式传导。中国人民银行努力探索和改进宏观调控的手段和方式，不断改进计划调控手段，初步培育了运用货币政策调节经济的能力。

该阶段货币政策的主要工具是信贷现金计划和中央银行再贷款，辅助工具是信贷政策、利率政策、再贴现和行政手段，中介目标为贷款规模，最终目标是发展经济、稳定物价，实际运行中主要是发展经济。

（二）进一步完善现代中央银行制度，夯实货币政策传导的微观基础（1993—1997 年）

这一阶段，货币政策传导的微观基础得到进一步完善，国家出台了多项金融改革和相关法规。“1993 年，按照国务院《关于金融体制改革的决定》，中国人民银行进一步强化金融调控、金融监管和金融服务职责，划转政策性业务和商业银行业务。1995 年 3 月 18 日，全国人民代表大会通过《中华人民共和国中国人民银行法》，首次以国家立法形式确立了中国人民银行作为中央银行的地位，标志着中央银行体制走向了法制化、规范化的轨道，是中央银行制度建设的重要里程碑。”国有专业银行开始向国有商业银行转变，经营能力得到加强，管理水平有所提高，同业拆借市场的建立，为商业银行调节头寸提供了场所。三家政策性银行的成立，将政策性金融与商业性金融分离，阻断了商业银行利用政策性金融业务倒逼中央银行扩大基础货币的渠道。同时，全国统一外汇市场建立后，外汇公开市场操作成为货币政策调控的新工具。

该阶段货币政策的主要工具仍然是信贷计划和再贷款，辅助工具则进一步多样化，包括信贷政策、利率政策、再贴现、公开市场操作、特种存款以及行政手段；操作目标包括贷款规模和基础货币，中介目标从贷款规模过渡到货币供应量[①]；最终目标调整为稳定币值，并以此促进经济增长。

（三）全面建立中央银行制度，间接调控手段不断深化（1998年至今）

1998年1月1日，中国人民银行正式取消了对商业银行贷款的限额控制，将原来的指令性计划改为指导性计划，在逐步推行资产负债比例管理和风险管理的基础上，实行“计划指导，自求平衡，比例管理，间接调控”的信贷资金管理体制。[②] 该项制度的变革使得我国货币政策的传导机制发生了重大变化，为货币政策中介目标真正转向货币供应量奠定了基础，也意味着直接调控的方式逐步缩减，间接调控不断深化。该阶段中国人民银行还对多项调控手段进行了制度改革，为间接调控提供了更多可以灵活使用的工具。一是对存款准备金制度进行改革，将原来的“准备金存款”和“备付金存款”两个账户合并，称为“准备金存款”账户，并两次下调法定存款准备金率，重新恢复了存款准备金作为支付、清算以及调控货币总量的功能，理顺了中国人民银行与商业银行的资金关系，增强了商业银行资金自求平衡的能力。二是恢复了人民币公开市场操作，国债、政策性金融债券等均被纳入交易工具，公开市场业务的交易对象、交易范围和交易规模不断扩大，1999年以来公开市场操作已成为中央银行货币政策日常操作的重要工具，对调节商业银行流动性水平、引导货币市场利率走势、调控货币供应量发挥了积极的作用。三是推进利率市场化进程，银行间同业拆借市场利率、贴现市场利率、债券回购及现券市场利率全部放开，贴现与再贴现利率的生成机制改变，并促进再贴现范围扩大，提高了货币市场的利率弹性。

该阶段货币政策传导的主要政策工具是存款准备金政策、利

① 1996年，中国人民银行正式把货币供应量作为中介目标。

② 摘自中国人民银行网站。

率政策和公开市场操作，辅助工具是再贴现、信贷政策以及中央银行的“窗口指导”和“电话沟通”等；操作目标是基础货币，中介目标是货币供应量；最终目标是稳定币值和促进经济增长，两者的优先性在不同时期会有所调整。尽管直接融资比例逐步提高，我国社会的融资方式仍以间接融资为主，银行信贷是我国货币政策传导的重要渠道，中央银行一系列的政策改革促进了信贷传导的市场化微观基础。

二、中国货币政策传导机制研究的评述

（一）中国货币政策传导机制的两类观点

1998 年开始，中国人民银行对货币调控方式进行了改革，商业银行信贷规模的直接控制被取消，货币供应量被作为唯一的中介目标，我国的货币政策调控由直接方式转变为间接方式。随着金融改革的深入，金融市场的深度和广度不断扩展，国内大批学者开始深入分析中国货币政策的传导机制。由于在理论基础、研究数据的样本选取、实证方法和具体处理技术等方面存在着不同，得出了不尽相同的结论，主要可以分为两大类观点。

一种观点认为，我国货币政策传导的主要渠道是货币渠道，信用渠道的作用不明显。例如，冯春平（2002）采用滚动 VAR 方法，使用 1980 年第 1 季度至 2001 年第 2 季度的数据，分析了货币供给冲击对产出和价格的影响，研究发现货币冲击的影响具有明显的变动性：货币冲击对产出的中短期影响逐渐下降，稍长期影响在后期也会下降；对价格影响的波动性更大，并且有逐渐加大的趋势，产出和价格影响的波动呈现出类似的周期性。陈飞、赵昕东和高铁梅（2002）利用 GDP、利率、货币供应量和贷款总量建立 VAR 模型，对我国货币政策工具的效应进行了分析，认为贷款冲击的作用主要体现在短期，长期内货币供给量和利率起主导作用，其中货币供给量相对更为重要。孙明华（2004）对我国 1994 年第 1 季度至 2003 年第 1 季度的货币政策传导情况进行了分析，

结果表明，真正对 GDP 产生决定性作用的是货币供应量（M_1 或 M_2），信贷总量并不能决定 GDP，我国货币政策通过货币渠道而非信贷渠道对实体经济产生影响。

另一种观点则认为，转型期内信用渠道在我国货币政策传导中占主导地位，或者说比货币渠道更重要一些。例如，王振山和王志强（2000）采用年度模型和季度模型进行协整检验，以 1981 年至 1998 年的数据为例，研究发现金融机构信贷总量对实际 GDP 有较强的解释能力，而货币供应量对实际 GDP 却不存在这种关系，因此认为信用渠道是我国货币政策的主要传导途径。李斌（2001）认为货币供应量和信贷总量都比较切合我国货币政策的中间目标，其中信贷总量对经济运行具有更重要的作用，由于贷款与利率相关性不强，制约经济运行中信贷总量的主要因素是利率之外的其他原因。周英章和蒋振声（2002）认为，1993 年至 2001 年间，我国的货币政策通过信用渠道和货币渠道共同发挥作用，相比之下信用渠道占主导地位，但是转轨时期信用渠道的传导障碍限制了以其为主要传导途径的货币政策有效性。王国松（2004）利用 1994 年至 2002 年间的年度数据进行分析，结果显示，我国货币政策传导的货币渠道在通货紧缩期间“受阻”，而信贷渠道发挥了重要作用。蒋英琨等（2005）对我国 1992 年至 2004 年的货币政策传导机制进行实证分析，结果显示，贷款对物价和产出的影响最为显著影响次之的是 M_2，影响最不显著的是 M_1。这表明，20 世纪 90 年代以来信贷渠道在我国货币政策传导中占有重要地位。盛朝晖（2006）全面地比较分析了 1994 年至 2004 年我国货币政策的主要传导渠道效应，认为信贷渠道在货币政策传导机制中发挥主要作用，利率传导的作用得到发挥，但是小于信贷渠道，资本市场的传导效应开始显现，汇率传导渠道则具有一定的被动性。索彦峰和范从来（2007）对我国货币政策的立场指示器展开实证研究，尽管该命题不是直接比较货币渠道和信用渠道，但是发现利率指标对实际经济活动的预测能力最弱，这在一定程度上说明货币渠道传导的效应不明显。盛松成和吴培新(2008)利用1998年至2006年的经济金融月度数据，运用VAR模型分析得出，我国基本不存在货币传导渠道，信贷规模是事实上的中介目标，主要的传导渠道为银行贷款，信贷规模调整主要针对实体经济，而货币供应量的调控则主要是针对金融市场。

（二）对中国货币政策传导机制研究的简评

国内外学者在研究货币政策的传导机制时，由于所处的金融环境不同，相同指标背后的操作机制可能存在着明显不一致，从而会影响最终的结论分析。以美联储为例，其货币政策操作的中介目标为利率，由于利率的市场化，货币供应量与利率之间呈现显著相关性，国外学者既可以采用基准利率，也可以采用货币供应量作为货币政策调整的指标变量。货币渠道传导中的核心变量实际为利率，利率变动将会带来投资、产出等一系列变化，因此，关注货币供应量的本质是关注利率。但是，由于中国人民银行对利率的调整属于行政手段，其与货币供应量之间的关联度较低，如图2.2和图2.3所示，所以货币供应量的变化无法真实反应利率的变动。而国内学者们在比较信用渠道和货币渠道时，如果

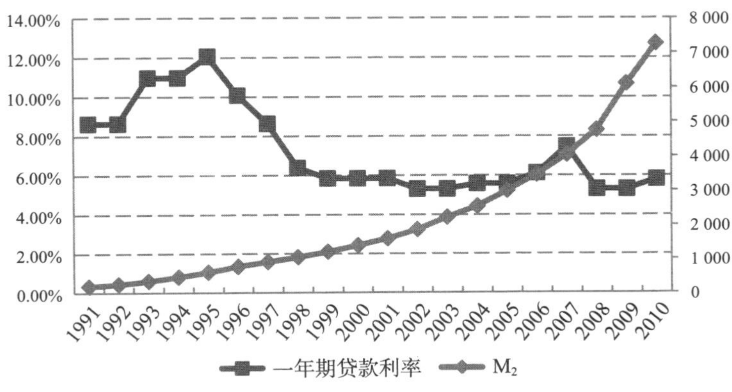

图2.2　贷款利率与货币供应量(M_2)(单位:%、百亿元)

认为货币渠道占据了主导地位的，大多数采用货币供应量（M_1 或 M_2）作为解释变量，而非直接使用利率指标，这造成货币渠道分析基础的缺失。同时，由于货币供应量（M_1、M_2）与信贷量之间存在着显著相关性，如图 2.4 所示，如果研究货币供应量和信贷量对宏观经济的不同冲击，无论哪个变量的影响效果更显著，其实质可能都是证实了信用渠道的传导作用。

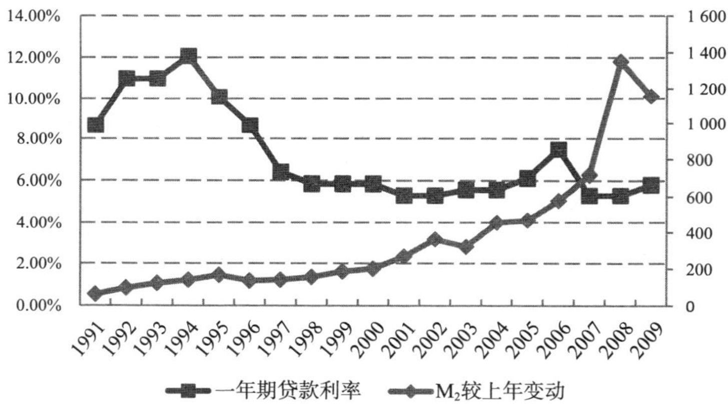

图 2.3　贷款利率与货币供应量变动（M_2）（单位：%、百亿元）

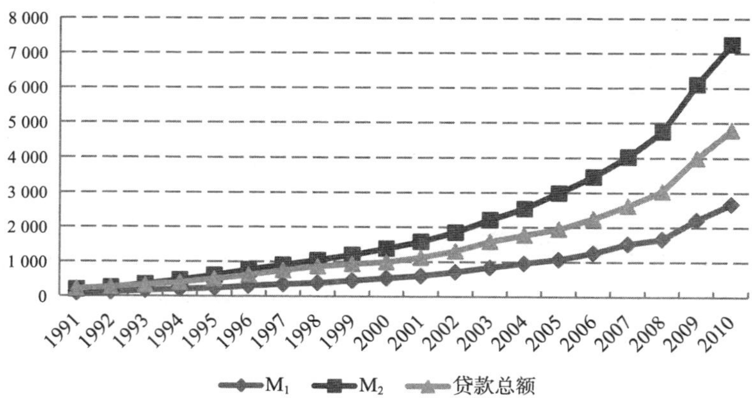

图 2.4　货币供应量（M_1、M_2）与贷款总额的关系（单位：百亿元）

尽管实证数据的指标选取存在一定的争议，但是大部分国内学者的最终结论认为中国货币政策的信用传导渠道要强于货币传导渠道。另外，长期以来，间接融资一直是我国经济主体获取外部资金最重要的渠道，盛松成和吴培新(2008)甚至还提出我国的货币政策中介目标实际上包括了信贷规模和货币供应量两个目标。从我国实际的货币政策操作来看，信贷的调节与管理其实从未放松过，信贷波动也常常是经济波动的一个重要原因。2008年，由于信贷的过快增长，中国人民银行实质上恢复了贷款限额控制，全球金融危机爆发后又予以取消，2009 年 7 月再次回归事实上的控制，只不过是通过窗口指导、电话沟通等非正式的手段执行。因此，总的来说，无论是实证数据的检验，还是货币政策的操作行为，都证实了目前中国货币政策传导的主要渠道应该还是信用渠道。当然，从未来的发展模式来看，随着利率和汇率的市场化改革，以及资本市场的进一步发展，货币渠道的效应或许将会进一步显现。

第四节　货币经济学新范式的启示

一、宏观分析和微观基础的结合

通过对货币政策传导机制理论的回顾，可以认为学术界对于货币政策信用渠道的存在是毋庸置疑的。具体到中国经济转型期的情景下来分析，我们发现大部分学者认为目前中国货币政策传导的主要渠道依然是信用渠道，一些支持货币渠道更重要的研究似乎并不能提供充分的证据。因此，我们初步判断中国货币政策的信用渠道传导扮演着重要的角色。随着四大国有银行全部完成股份制改造并成功上市，全国性股份制商业银行的发展壮大，城市商业银行的迅速成长，信用渠道传导的微观基础在近十年里也发生了巨大的变化，银行业市场结构的改变和商业银行的微观经营行为使得货币政策的间接调控变得越来越复杂。同时，2003 年中国银监会正式成立后，银行业监管制度的完善和执行手段的严格要求，也对货币政策银行贷款渠道的传导产生了重要影响。

现实环境的复杂性要求我们在对中国货币政策的信用传导机制研究中必须考虑实际的银行经营活动，而 Stiglitz & Greenwald(2005)在以往研究的基础上，发展了一个新的货币经济学理论范式，它关注的不是传统的交易性货币需求，而是着重研究信贷在经济活动中的作用，认为银行在货币政策传导中占据主要地位，主张将银行体系的具体制度结构看成货币经济学的内在组成部分，将银行的微观行为纳入一般均衡模型，在此基础上去研究宏观经济波动和制定经济政策。“新范式”的分析方式与货币政策信用传导机制理论高度相关，都关注了信用可得性、不完美金融市场以及金融监管等问题。

基于“新范式”的货币政策传导机制研究可以为我们后续的研究提供以下关键结论和启示。①

(1) 实际利率不一定能够很好地衡量货币政策的松紧，信贷的可得性是重要的，在存在信贷配给的情况下，相对于信贷需求，贷款供给才是更重要的。并且信贷在本质上是异质的，仅仅分析总量具有误导性。

(2) 银行在信贷供给中处于核心地位，因此必须理解各种政策如何影响银行的经营活动，不能完全应用标准的竞争范式来分析放松监管和金融自由化的影响。

(3) 在经济萧条期间，货币当局必须特别注意保持银行体系内的信息资本和组织资本，否则将会加剧经济萧条的深度以及持续时间。当遭遇危机时，政府需要考虑重组金融体系对信贷流量的影响。

① 整理自约瑟夫·斯蒂格利茨、布鲁斯·格林沃尔德：《通往货币经济学的新范式》(中译本)，陆磊、张怀清译，中信出版社，2005 年 5 月第 1 版，P260—262。

(4) 与传统的货币政策工具一样，金融监管政策也能够对信贷的可得性产生巨大影响。当金融监管与货币政策制定属于不同机构时，监管政策的变化可能会抵消货币当局的原有意图，因此机构之前需要紧密协调。

(5) 由于货币政策通过影响信贷供给进而影响经济，中央银行应该有所作为，但是货币政策对各个经济部门的影响程度不同，过度依赖货币政策可能会造成扭曲性效应，随着时间的推移会削弱货币政策的有效性。未来，交易成本和信息技术的变化或许会显著影响货币政策的传导效应。

二、总量中的信贷结构问题

货币经济学新范式和货币政策的信用传导机制都强调了微观基础的重要性。Stiglitz & Greenwald(2005)也特别提出信贷的异质性，一家银行过多的流动性并不能替代另一家银行的资金短缺。我们认为信贷异质性的内涵应该更为广泛，或许可以包括三种结构形式：(1) 不同类型的银行提供的贷款：提供信贷的个体银行存在着异质性，例如资产规模、资本充足率情况、存贷比情况、业务经营范围等，由此引发其在面对货币政策调整时会产生不同的反应，从而造成不同的信贷供给行为；(2) 不同使用主体的贷款：根据使用银行贷款的部门不同，大致可以分为个体部门和企业部门，两类部门的贷款用途会存在着差异，进而对经济增长和物价总水平产生不同影响效果；(3) 不同期限结构的贷款：按照贷款期限的不同，我们可以将贷款大致分为短期贷款和中长期贷款，短期贷款是指期限在 1 年以下(含 1 年)的贷款，中长期贷款是指贷款期限在 1 年以上(不含 1 年)的贷款，两类贷款的具体用途显著不同，可能会对宏观经济造成不同的结构效应。

在加入 WTO 的过渡期结束后，中国银行业改革力度较大，发展速度也十分迅猛，中央银行的调控手段越来越市场化，商业银行的经营活动已经明显影响到货币政策的执行效果，比如说每年的信贷规模计划总是与实际的信贷投放存在着较大区别，如表2.1所示。由于商业银行的自主经营行为，货币政策的间接调控手段常常无法使得实际的信贷增量与目标值一致，尽管我国货币政策的中介目标已经确定为货币供应量，但是信贷投放对宏观经济的作用仍然是毋庸置疑的。另外，商业银行的实际经营活动不仅会改变信贷总量的增长，而且还会改变信贷的结构组成，包括信贷投向和期限，等等。中国经济的发展正处于转型期间，面临着产业升级、结构调整、劳动力结构改变等一系列问题，全国范围内不同产业、不同区域、不同经济部门的成长进程不一。既然宏观经济存在着结构性问题，在分析与之密切相关的信贷投放时，自然也应该关注到信贷的异质性问题，仅仅进行总量层面的分析很可能难以厘清中国货币政策的信用传导机制。因此，在后续的研究中，我们将会深入分析信贷的异质性问题，包括不同因素对银行信贷供给的影响，不同的信贷结构又将带来怎样的宏观经济效应，从而期望能够在现有研究的基础上进一步理解中国的货币政策信用传导机制。

表 2.1　我国新增人民币贷款目标值与实际值对比（1998—2010 年）

年份	1998	1999	2000	2001	2002	2003	2004
目标新增贷款	9 100	10 000	—	13 000	13 000	18 000	26 000
实际新增贷款	9 435	8 742	7 210	12 500	19 228	28 000	22 600
相差值	335	−1 258	—	500	6 228	12 000	−3 400
年份	2005	2006	2007	2008	2009	2010	—
目标新增贷款	25 000	25 000	29 000	38 700	50 000	75 000	—
实际新增贷款	24 000	31 800	35 900	49 000	96 000	79 000	—
相差	−1 000	6 800	6 900	10 300	46 000	4 000	—

注：数据来源于历年《中国金融年鉴》和《货币政策执行报告》，相差数值为实际值减去目标值出。若目标值为区间则取中间值计算，数据缺失表示未能获得当年数据。（单位：亿元）

第三章　信贷供给对宏观经济的影响[①]

在我国，虽然中国人民银行从1998年起就已明确取消对商业银行的贷款规模控制，并转向以货币供应量为中介目标的货币政策体系，但是在货币政策的信用渠道传导中，信贷量属于影响宏观经济的实际中介变量，并且间接融资一直是我国资金融通最主要的渠道，因此银行信贷和经济波动的关系总是理论和实务界关注的焦点。研究货币政策的信用渠道效应，必然应该明确信贷量与宏观经济之间的关系，本章首先从直观数据上说明了信贷量与经济增长和物价水平存在着明显的相关性，并通过对现有的研究进行的比较，说明这两者显然不是简单的线性关系，会出现经常性的摆动。因而仅从信贷总量层面入手的研究忽视了期限结构的效应，不利于我们厘清信贷在经济中的作用机理。本章将通过应用一个小型DSGE模型深入分析信贷量期限结构对经济增长及物价总水平的影响，并进行相应的实证检验。

第一节　信贷量的宏观经济效应

一、信贷量与宏观经济的关系评述

货币政策的信用传导渠道存在的一个必要前提是，当企业遭遇贷款供给下降时，无法通过非银行资金来弥补贷款的减少，从

① 本章二至四节的主要内容来源于：范从来、盛天翔、王宇伟，《信贷量经济效应的期限结构研究》，经济研究，2012(1)。

而影响了企业的投资经营活动。从宏观总量来看，就是信贷量与经济变量之间存在着一定的关系。因此，我们选取了 1998 年至 2010 年金融机构的信贷总余额、GDP 和 CPI 指数，进行了 pearson 相关性分析，结果如表 3.1 所示，可以看出，信贷量的确是与宏观经济之间有着密切联系的，直观数据的简单分析就可以在一定程度上将其体现出来，中国货币政策信用传导渠道的这一前提很可能是能够满足的。

表 3.1　信贷总余额、GDP 和 CPI 的关系

	信贷总余额	GDP	CPI
信贷总余额	1	0.987 *** (0.000)	0.975 *** (0.000)
GDP	0.987 *** (0.000)	1	0.994 *** (0.000)
CPI	0.975 *** (0.000)	0.994 *** (0.000)	1

注：括号中标注的为双尾检验的 p 值，*** 表示 1%水平显著。

但是，仅靠相关性统计来说明中国货币政策的信用传导渠道显然过于简单。那么，具体来说，信贷量会对宏观经济产生怎样的冲击作用呢？学者们已经进行了广泛的讨论，从现有的研究结论来看，国内学者基本都认为信贷总量对经济增长和价格水平能够造成显著的影响，但是对具体的影响强度甚至影响方向却有不同的结论。学者们的观点大致可以分为三类。第一类观点认为信贷量对经济增长和通货膨胀有长期的正向作用。例如，刘涛(2005)、盛松成和吴培新(2008)。第二类观点认为信贷量对经济增长有长期正向作用，但是对价格水平在短期和长期却是有不同的影响方向。例如，蒋瑛琨等(2005)认为信贷在短期内造成通货膨胀，在长期内则导致通货紧缩；章晟和李其保(2009)、潘敏和缪海斌(2010)则认为信贷短期内对 CPI 的影响为负，在长期则会引起通货膨胀。第三类观点认为信贷对经济增长和通货膨胀的影响较弱且时效较短。例如，许伟和陈斌开(2009)发现负向的信贷冲击导致产出在当期小幅下降，然后逐步回升稳态，导致通货膨胀率在当期小幅下降，然后迅速回到稳态。

二、信贷量的结构视角探析

究竟是什么原因造成了信贷扩张对经济增长和通货膨胀不同的影响效应？显然从目前信贷总量层面开展的研究并未给出令人满意的答案。我们发现，中国在信贷总量快速增长的同时，信贷结构也发生了较大的变化，包括信贷的持有部门结构和信贷的期限结构，现有的总量研究无法深入分析信贷的作用机制。在实证分析中，采用不同阶段的数据时，信贷结构很可能不一致，从而导致不同的结论，单纯地分析信贷总量显得过于模糊。因此，我们必须进一步剖析信贷总量，对信贷结构进行深入研究。国外学者在研究信贷结构对宏观经济影响时，主要按照信贷的持有部门来划分信贷结构，例如区分公司贷款与居民贷款，区分工商业类贷款与房地产、消费类贷款等，进而分析不同信贷结构的经济效应。Ludvigson(1998)认为居民消费贷款的减少将会降低全社会的消费量，从而减少产出量。Safaei & Cameron(2003)以加拿大为例，发现居民信贷在短期内对真实产出的解释力要明显强于企业信贷。De Haan 等(2007)对美国的银行贷款组合数据进行分析，发现在货币紧缩的冲击下，房地产和消费贷款大幅减少，但是商业贷款和工业贷款却增加了，这导致产出水平下降，而价格总水平却上升。Pereira(2008)发现在企业信贷约束和居民信贷约束同时存在的情况下，企业信贷约束的解除有利于经济增长，而居民信贷约束的解除却不能起到同样的作用。Markidou & Nikolaidou(2008)以希腊为例，发现居民贷款比企业贷款更容易受到约束，但是居民贷款对经济未能产生显著影响。值得一提的是，相关研究的对象主要为欧美发达国家，其直接融资渠道相当发达，信贷作为间接融资手段，对其结构效应的分析并没有得到广泛关注。目前国内少数有关信贷结构的分析也往往是从信贷持有主体的角度出发。例如，张军（2006）的研究认为，信贷过度向缺乏效率的国有企业分配，导致了信贷增长对经济增长的作用不显著。

应该说，从信贷持有结构开展研究，关注了不同信贷主体的信贷行为对宏观经济的影响差异，这具有一定的现实意义。但我们认为，这类研究往往很难将不同主体的信贷行为纳入一个统一的分析框架下，部门之间的联系度较低，在分析各部门信贷的总叠加效应时，大多数只是采取实证的方法进行计量检验，一定程度上存在着理论基础的缺失，也难以分析清楚信贷的具体作用方式。同时，发达国家的居民类贷款比重较大，中国的居民类贷款虽然近十年增长较快，但余额占比依然不足 20%，而且中国从 2007 年才开始按信贷使用的部门统计信贷余额，时间跨度较短，难以进行相关实证检验。因此，就国内状况而言，按信贷持有主体的不同进行结构层面的研究并非最佳选择。

按照中国人民银行现有的信贷统计方式，我国的信贷余额统计包括短期贷款、中长期贷款、委托贷款、票据融资和其他贷款。我们发现，1998—2010 年，短期贷款余额和中长期贷款余额①平均约占贷款总余额的 90%，与此同时，在总信贷规模不断扩张的前提下，长短期贷款之间的相对比重则发生了显著变化。考虑到不同期限的贷款在宏观经济运行中的使用范围存在显著差异，两者或许会对宏观经济产生不同的影响效应，如果能够把这两类贷款的传导机制分析清楚，则可以为厘清我国信贷总量扩张的宏观经济效应提供一个全新的视角。因此，我们在考察信贷结构的宏观经济效应时，将重点从期限结构的角度展开，即将信贷分为短

① 短期贷款是指期限在 1 年以下（含 1 年）的贷款，中长期贷款是指贷款期限在 1 年以上（不含 1 年）的贷款。

期贷款和中长期贷款进行研究。

第二节　两部门 DSGE 模型的构建与结果分析

一、短期贷款和中长期贷款的作用途径分析

从实际的银行信贷审批来看，整体上而言，我们发现，短期贷款和中长期贷款的投向在中国是有明显区别的：短期贷款主要用于借款人生产、经营中的流动资金需要，而中长期贷款则主要用于技术改造、基础设施建设、新建固定资产项目等。我们将按照两类贷款不同的投向领域，探讨其对经济增长及价格水平的影响途径。

短期贷款可能会影响企业的生产经营和居民的消费。我国金融机构的短期贷款主要用于企业的经营周转，一般用于企业生产过程中的原材料采购、生产型服务的购买等，所以短期贷款很可能对企业当期的资本投入产生影响，进而影响最终的企业产出和工业品出厂价格。同时，企业经营效益的改变，可能会影响到企业内职工的预期收入，万广华等（2001）、申朴和刘康兵（2003）均指出预期收入的不确定性影响居民消费，因此，企业生产经营的改变可能影响到居民的家庭消费情况，而居民消费的调整则会对经济增长和价格总水平产生一定的冲击作用。

中长期贷款的投放可能会改变企业未来的长期生产经营情况。一方面，从企业内部的生产经营来看，改造更新设备、研发改进技术、扩大产能后的规模效应等都属于企业全要素生产率的提高，相关方面的投资，一般需要 1 年以上才能收回成本，创造效益，因此其需要的不是短期流动资金支持，而是中长期的项目贷款。另一方面，从影响企业经营效率的宏观外部环境来看，基础设施建设是一个非常重要的因素。周晓艳和韩朝华（2009）认为基础设施水平对全要素生产率的增长具有正面影响，刘秉镰等

(2010)指出交通基础设施对中国的全要素生产率有着显著的正向影响，2001—2007 年铁路和公路基础设施的增加共带动中国全要素生产率增长 11.075%。基础建设的投资周期一般至少 3 年以上，因而支持我国基础设施建设的贷款主要为中长期贷款。所以，我们认为无论是从企业内部经营还是外部环境，中长期贷款的投向领域都是有利于促进企业的全要素生产率的，进而降低单位产出的成本，促进产出效率，调整企业的长期经营行为，最终影响到经济增长和价格总水平。

综上所述，我们可以初步总结出短期贷款和中长期贷款影响经济增长及价格总水平的传导机制，并以图 3.1 来表示。接下来，我们将运用理论模型深入分析这一传导机制，并利用我国相关的宏观经济数据进行实证检验。

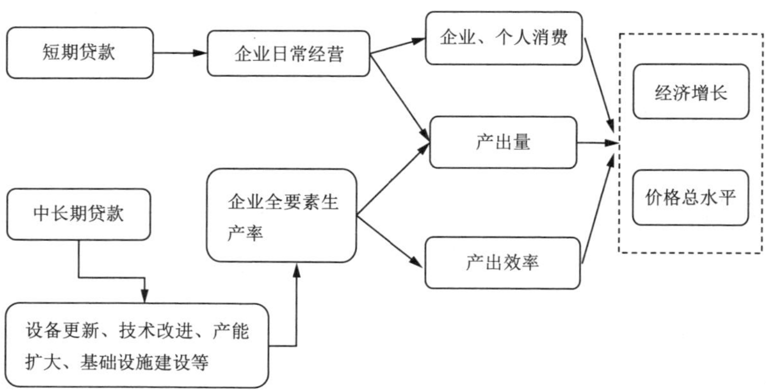

图 3.1　短期贷款和中长期贷款的作用传导机制

二、小型规模 DSGE 模型的构建

由于动态随机一般均衡(DSGE)模型能够兼顾微观分析和宏观分析，具有理论上的严谨性和一致性，但是要开发一个对现实拟合度较高的模型可能会十分复杂，考虑到实际的计算量和模型

参数的可获得性，我们应用了一个小型规模的 DSGE 模型，将短期贷款和长期贷款的冲击作为外生变量，考察其对经济增长和价格总水平的不同影响。

（一）家庭部门

本书假设代表性家庭无限期生存下去，在预算约束下选择消费 C_t，闲暇 $(1-N_t)$ 和真实货币余额 $\frac{M_t}{P_t}$，并最大化其跨期效用，借鉴 Sidrauski（1967）、Christensen & Dib 等（2008）的做法，设定效用函数如下：

$$\max E_0 \sum_{t=0}^{\infty} \beta^t U_t \tag{1}$$

$$U_t = e^{S_t} \ln C_t + \phi \ln(1-N_t) + \gamma \ln\left(\frac{M_t}{P_t}\right) \tag{2}$$

其中，$\beta \in (0,1)$ 为折现因子，U_t 为家庭在 t 时期的效用函数，N_t 为家庭劳动力供给，ϕ 和 γ 分别代表闲暇和真实货币余额在家庭效用中的权重。e^{S_t} 代表短期贷款对家庭消费需求的冲击，$S_t = \psi S_{t-1} + \varepsilon_S, \varepsilon_S \in N(0,\sigma_S)$，该冲击假设的理由在上一节的理论探讨中进行过简单的阐述，我们在此对该假设再次进行深入分析。短期贷款可能通过两条渠道影响居民消费。第一条渠道是短期贷款直接拉动家庭消费，由于统计数据的可得性限制，以2007—2010 年为例，在短期贷款中，居民类短期贷款平均占比约为 18%，其中居民消费类约为 4%，经营类约为 14%，整体的占比较低，并且受到中国传统消费观念和消费习惯的影响，居民通过短期借贷进行消费的比例目前依然较小，因此我们认为居民类短期贷款对短期消费的直接拉动效应较低，即短期贷款的第一条渠道效应较弱。第二条渠道是短期贷款对企业的生产经营产生影响，从而间接拉动了家庭消费。由于企业获得短期贷款后，对短期经营可以有正向促进，有利于提高企业的经营效益。尽管居民工资在当期存在黏性，甚至在下一期也未必会有显著提高，但是企业良好的经营状况却可以大大减弱居民未来预期收入的不确定性。Leland(1968)提出储蓄主要是为了避免未来不确定性收入所带来的冲击，万广华等(2001)、申朴和刘康兵(2003)也均以中国的实际数据证明了不确定性对消费有显著的负效应。因此，我们认为未来收入不确定性的减弱，将会降低当期储蓄，提高当期的家庭消费，即短期贷款主要通过第二条渠道促进居民消费。

代表性家庭部门在最大化其跨期效用时，将受到跨期预算约束，我们假设家庭收入全部来源于工资收入，不考虑财产性收入等其他收入，则具体的约束条件如下：

$$C_t + \frac{M_t}{P_t} \leqslant \frac{M_{t-1}}{P_{t-1}} + W_t N_t \tag{3}$$

其中 W_t 为劳动力成本，在(3)的约束下，最优化跨期效用函数(1)，即对消费 C_t，劳动供给 (N_t) 和真实货币余额 $\frac{M_t}{P_t}$ 求一阶条件，经过整理后得：

$$\frac{\phi}{1-N_t} = \frac{e^{S_t}}{C_t} W_t \tag{4}$$

$$\frac{\gamma P_t}{M_t} = \frac{e^{S_t}}{C_t} - \beta \frac{e^{S_{t+1}}}{C_{t+1}} \tag{5}$$

(二) 企业部门

假设企业在一定的技术条件下，通过投入资本 K_t 和劳动力 N_t 进行生产运营，并且下一期的资本来源于当期的剩余资本和当期的投资，具体的生产函数和资本积累形式如下：

$$Y_t = e^{L_t} A_t (e^{S_t} K_t)^{\alpha} N_t^{1-\alpha} \tag{6}$$

$$K_{t+1} = (1-\delta) K_t + I_t \tag{7}$$

其中，A_t 为全要素生产率，α 为资本在产出中的贡献份额，

I_t 为投资，δ 为资本折旧率，为简化起见，我们设定 $\delta=1$。按照前一部分的理论分析，我们设定 e^{L_t} 为中长期贷款对全要素生产率的冲击，$L_t=\eta L_{t-1}+\varepsilon_L$，$\varepsilon_L\in N(0,\sigma_L)$，$e^{S_t}$ 为短期贷款对资本 K_t 投入的冲击，则 $e^{S_t}K_t$ 为有效资本投入，$e^{L_t}A_t$ 为有效全要素生产率。

借鉴 Ngalawa & Viegi(2010)的做法，企业在生产函数的约束下，通过选择资本 K_t 和劳动力 N_t 投入，努力实现经营成本的最小化，为简化起见，我们不考虑贷款的利息对企业经营成本的影响，企业的成本函数如下：

$$\min_{K_t,N_t} W_t N_t + R_t K_t \tag{8}$$

其中 R_t 为资本成本，为求企业的利润最大化，我们求解其对偶条件，即成本最小化，因此对 K_t 和 N_t 求一阶条件，经过整理后得：

$$\frac{R_t}{W_t}=\frac{\alpha e^{S_t} N_t}{(1-\alpha)K_t} \tag{9}$$

（三）市场均衡条件

均衡条件由最终产品均衡和货币市场均衡组成，并且我们假设劳动力市场出清，企业的劳动力投入等于家庭部门的劳动力供给，参考 Atta-Mensah & Dib(2008)、Ngalawa & Viegi(2010)的做法，均衡条件为：

$$Y_t=C_t+I_t \tag{10}$$

$$P_c Y_t=M_t \tag{11}$$

（四）参数校准及求解

(3)—(7)，(9)—(11)式加上短期贷款和中长期贷款的冲击函数，构成了本模型完整的动态系统，对各方程求其稳态，并在稳态附近进行对数线性化，在此基础上，利用校准后的参数，进行数值近似模拟，本书将借助 Dynare 4.2.0 版本软件包来完成相应的计算。

三、模型的模拟计算与结果分析

首先我们对模型的参数值进行校准，大部分参数的赋值借鉴相关研究文献中的参数值，少数参数利用中国实际数据进行计量估计后调整得到。

参考许伟和陈斌开（2009）的总结，对折现因子 β 取值 0.99；陈晓光和张宇麟（2010）认为民营企业的资本收入份额为 0.35，国有企业的资本收入份额为 0.55，因此，本书对资本在产出中的贡献份额 α 设定为 0.45，Smets & Wouters（2003）将投资调整成本和资本利用成本设定为 0.148 和 0.17，因此本书将资本成本 R_t 校准为 0.15；参考 Ngalawa & Viegi（2010）的赋值，并结合许伟和陈斌开（2009）、陈晓光等（2010）的折算值，设定闲暇 ϕ 在家庭效用中的权重为 0.3，真实货币余额在家庭效用中的权重 γ 为 0.4。

本书选用 1998—2010 年的短期贷款和中长期贷款季度数据，采用 X－11 方法进行季节调整，并对变量取对数，通过 H－P 滤波方法得到偏离趋势的波动，然后对 $S_t = \psi S_{t-1} + \varepsilon_S$ 和 $L_t = \eta L_{t-1} + \varepsilon_L$ 进行估计，计量结果显示 $\psi = 0.82$，$\eta = 0.83$，根据实际经验，我们认为中长期贷款的连续性要强于短期贷款，一阶滞后的相关系数应该要大于短期贷款，出现这样的情况可能是 2009 年中长期贷款猛增使得中长贷款波动短期偏大，同时仅取 12 年的季度数据也可能会导致一定的计量误差。因此我们根据计量结果，并结合与多位银行信贷审批人的访谈①，对短期贷款的相关系数下调 10%，长期贷款的相关系数上调 10%，最终取 $\psi = 0.74$，$\eta = 0.9$。我们发现 σ_S、σ_L 的取值对最终结果没有本质影响，为便于考察冲击效果，我们取 $\sigma_S = \sigma_L = 0.025$。

① 在此，对热心提供现实经验数据的几家银行的信贷审批人表示衷心感谢！

所有参数校准赋值汇总见表 3.2。

表 3.2　参数校准结果

参数	β	α	R_t	ϕ	γ	ψ	η	σ_S	σ_L
取值	0.99	0.45	0.15	0.3	0.4	0.74	0.9	0.025	0.025

为了验证此模型的解释力，我们采用 1998—2010 年的 GDP、全社会消费品零售总额、短期贷款余额、中长期贷款余额的季度数据，使用 X—11 方法进行季节调整，对相关变量取对数，通过 H—P 滤波方法去除相应变量中的增长趋势，最后分别计算出这些数据的标准差，用来代表其波动性，将实际数据与模型模拟值的波动性进行对比。资本与产出波动比的实际值，我们直接借鉴使用陈晓光和张宇麟(2010)的结果。相关结果见表 3.3。

表 3.3　主要经济变量的波动性特征

变量	模拟标准差	与产出波动比	实际标准差	与产出波动比
产出	0.016	1.000	0.015	1.000
消费水平	0.006	0.375	0.030	2.000
资本	0.016	1.000	0.018	1.230
短期贷款	0.037	2.313	0.034	2.267
长期贷款	0.057	3.563	0.050	3.333

据表 3.2 所示，虽然消费水平的模拟结果与现实结果存在一定差距，但总的来说，本书建立的模型能够在较大程度上反应实际经济情况。

为了考察短期贷款和中长期贷款对宏观经济的影响，本书检查了产出和价格总水平对两类贷款的脉冲响应情况。图 3.2 表示短期贷款对产出和价格总水平的冲击效应，图 3.3 表示中长期贷款对产出和价格总水平的冲击效应，图中横轴表示时间，纵轴表示变量在冲击后对稳态的偏离。

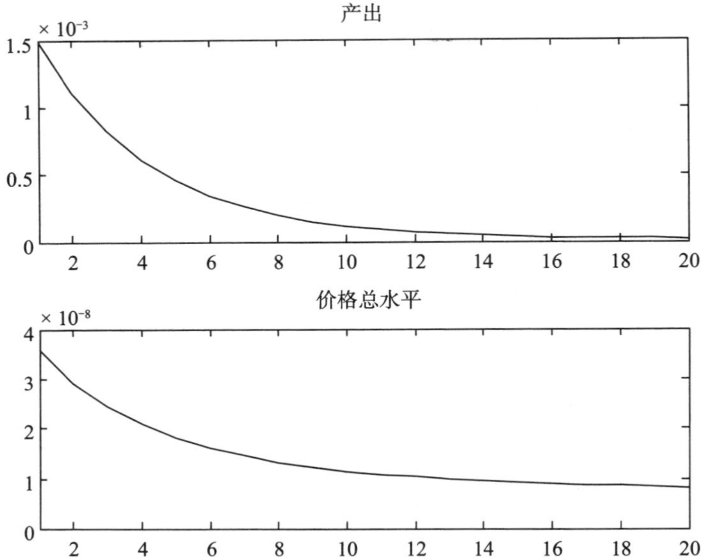

图 3.2　短期贷款对产出和价格总水平的冲击

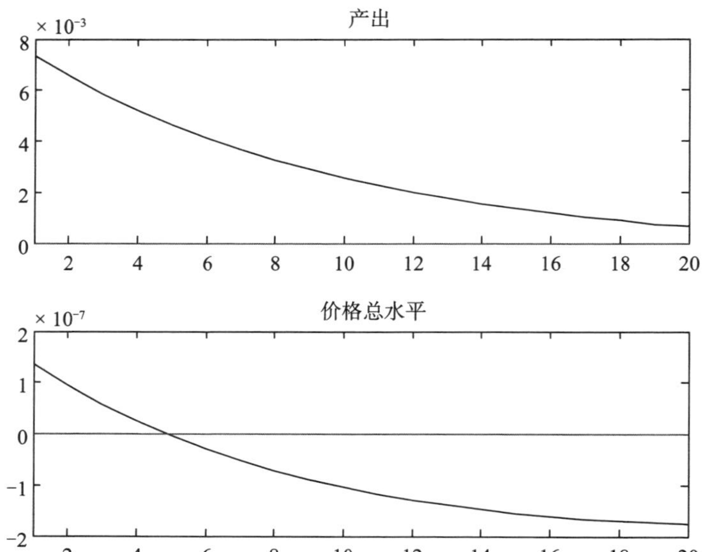

图 3.3　中长期贷款对产出和价格总水平的冲击

从图 3.2 和图 3.3 我们发现，短期贷款与中长期贷款对经济增长均有正向作用，相比而言，短期贷款影响的时效性要远小于中长期贷款。在价格总水平方面，短期贷款带来通货膨胀的压力，而中长期贷款仅在短期对价格产生正向冲击，长期来看却能够对价格总水平产生负向作用，抑制通货膨胀，主要可能是因为中长期贷款主要通过提高全要素生产率来抑制价格上涨，而中长期贷款投放的项目通常建设时间较长，其建成达产需要一定时间，所以对价格水平的抑制有滞后性，但是有长期性。

第三节　基于 FAVAR 模型的实证数据检验

在上一节，我们利用 DSGE 模型作为基础，从理论上探讨了信贷期限结构对经济增长和价格总水平的作用。但是，刘斌(2008)指出 DSGE 模型尚不能完全替代传统的计量经济模型，开发一个能对现实拟合度较高的模型存在着一定的难度。因此，为更好地检验现实情况，本节将通过非理论性的 FAVAR 计量模型再次对之前的结论进行检验。

（一）FAVAR 模型简单介绍

现有的文献在分析信贷冲击效应的时候绝大部分采用的是 VAR 或 SAVR 模型。Bernanke 等(2005)指出，用 VAR 模型研究货币政策存在一些缺陷：VAR 模型中的变量非常有限，在选取上也有一定的随意性，无法反映所有的经济信息，难以满足全面分析货币政策效应的需要。基于此，Bernanke 等(2005)、Boivin & Giannoni(2008)将传统的 VAR 分析和因子分析相结合，建立了 FAVAR 计量模型来解决这种信息不充分的问题。

FAVAR 计量模型简单描述如下：

$$\begin{bmatrix} F_t \\ Y_t \end{bmatrix} = \Phi(L) \begin{bmatrix} F_{t-1} \\ Y_{t-1} \end{bmatrix} + \upsilon_t \tag{12}$$

Y_t 是可观测的经济变量向量，一般是我们需要研究的对象，本书中为短期贷款余额，中长期贷款余额、GDP 和 CPI。F_t 为不可直接观测的经济变量向量，从大量的宏观经济数据 X_t 中通过因子分析的方法获取。$\Phi(L)$ 为 P 阶滞后多项式，υ_t 是均值为零、协方差矩阵为 Q 的随机误差项。这样就实现了因子分析模型和 VAR 模型的结合。由于 Y_t 也包含在全部的宏观经济变量数据 X_t 中，为了消除 Y_t 和 F_t 之间的相关性，我们采用 Boivin & Giannoni(2008) 的方法，首先对 X_t 进行主成分分析，从而得到初始的 F_t，并记为 $F(0)_t$；然后按照下面的方法进行迭代：① 以 $F(0)_t$ 和 Y_t 为因变量，对 X_t 进行回归估计，得到估计系数 $\lambda(0)_M$；② 计算 $X(0)_t = X_t - \lambda(0)_M Y_t$；(3) 对 $X(0)_t$ 进行主成分估计，得到新的主成分 $F(1)_t$，从而消除了 Y_t 和 F_t 之间的相关性，然后我们可以将 $F(1)_t$ 和 Y_t 代入(12)式进行最终的计量分析[①]。

（二）变量选取及数据处理

我们认为，在考察信贷期限结构对经济增长及价格总水平的影响时，应在相对市场化的宏观金融环境下进行分析。1998 年 1 月 1 日起，中国人民银行取消了贷款限额的控制，货币信贷调控由直接控制转为间接控制，因此本节的实证检验数据全部选用 1998—2010 年的季度数据，除短期贷款余额，中长期贷款余额、GDP、CPI 以外，我们借鉴 Bernanke 等(2005)、顾标和周纪恩(2009)、沈悦等(2011)的研究，结合我们需要考察的问题和实际数据的可得性，选取了 43 种经济指标，作为描述宏观经济的变量。大致分为四组：一是反映金融和财政收支的变量，包括外汇储备、M1、M2、股票市值、财政支出和收入等；二是反映房地产和固定资产投资的变量，包括房地产开发投资总额、房地产销售价格指数、固定资产新建投资额、固定资产投资本年施工项目计划等；三是反映国民经济发展的变量，包括农林牧渔业总产值、第一、二、三产业增

---

① 对于该方法的具体讲解，本书在此不详细展开，详见 Bernanke 等(2005)、Boivin & Giannoni(2008)的描述。

加值，进出口总额等；四是反映人民生活和就业的变量：全部在岗职工数、在岗职工工资总额、社会消费品零售额等。

全书的数据主要来源于中经网，部分来源于高校财经数据库和中国人民银行网站。我们对相关数据做以下预处理：所有数据中，如果公布数据为月度数据的，将每季度三个月的数据进行平均，得到当季的数据值，个别季度的缺失数据，本书采用插值估算得出。由于缺少1998—2000年的CPI环比数据，我们以2001年的环比数据和1998—2000年的同比数据进行折算，得到1998—2000年的环比数据，再结合2001—2010的环比数据，计算出以1998年为基础的CPI定基比价格。再以此价格为基础，对各类数据消除价格因素的影响，然后利用X—11的方法进行季节调整，最后再对所有数据取对数①。

（三）脉冲响应分析

短期贷款和中长期贷款对GDP和CPI的冲击影响见图3.4和图3.5。

从图3.4我们可以看出，短期贷款对CPI有正向的冲击，并且持续期间较长，对经济增长造成将近两年的正向促进作用，但是效果逐渐减弱，随着时间进一步推移，甚至转变为负向作用。整体而言，该检验结果与我们之前的理论探讨是一致的，都是短期贷款将带来通胀压力，对经济增长只有短期的正效益。但是，为何在更长的期限内短期贷款会对经济增长形成负向作用，我们认为有两种可能性，一是计量模型本身可能会存在一定的问题，随着时间的推移，结果可能并不完全准确，二是短期贷款投放过多导致的通货膨胀，可能在将来造成经济的衰退。从图3.5我们可以看出，中长期贷款对CPI存在明显的负向冲击，而对经济增长

① 处理后的各变量经过ADF检验，都符合I(1)序列，并通过了Johansen协整检验，FAVAR模型整体也通过了稳定性检验，由于涉及的变量较多而篇幅有限，具体检验结果本书不再予以列出。

则造成较长期的正向作用，并且对两者的影响都是持续的。虽然在收敛性和产生作用的时点上与第四节的结论略有差别，但是在整体方向性的判断上是较为一致的。

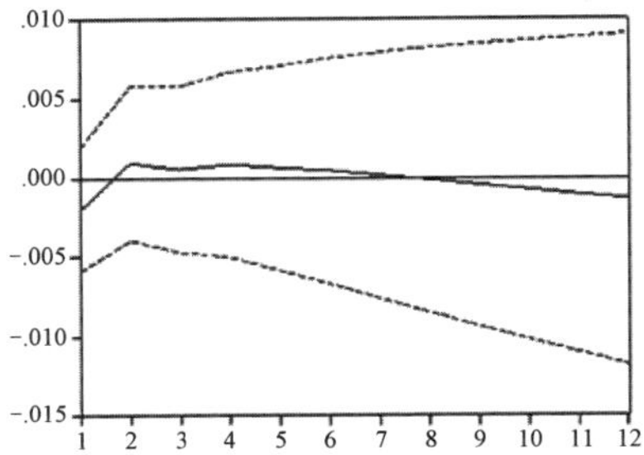

GDP 对短期贷款冲击的脉冲响应

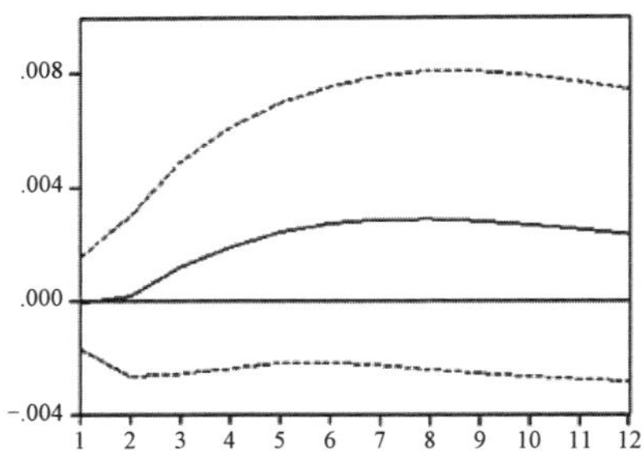

CPI 对短期贷款冲击的脉冲响应

图 3.4　短期贷款冲击效应

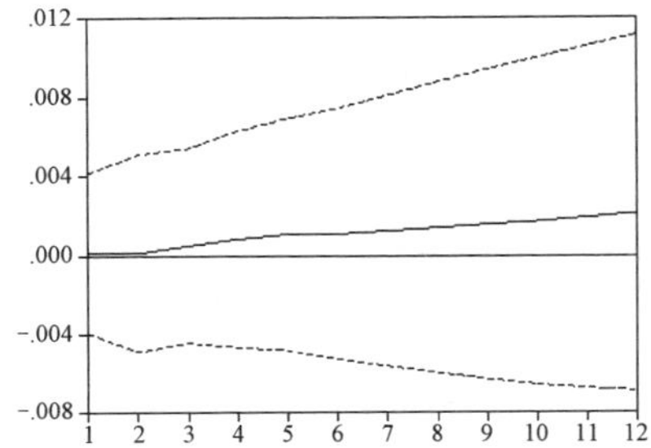

GDP 对中长期贷款冲击的脉冲响应

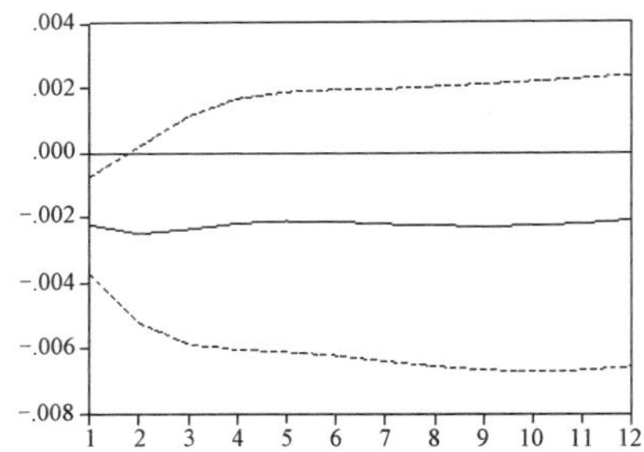

CPI 对中长期贷款冲击的脉冲响应

图 3.5　中长期贷款冲击效应

总体来说，FAVAR 计量检验的结果与我们在第二节模型分析的结果较为一致，由于 FAVAR 模型本身并不带有理论性，在设立模型时无需做任何先验性的假设约束，因此，我们认为 FAVAR 模型的检验结果能够较好地支持我们在第二节的结论①。

① 本书同时也使用了传统 VAR 模型进行检验，得出了与 FAVAR 模型在本质上一致的结论，一定程度上也说明了结论的稳定性，但是从方法上比较，FAVAR 在计量思想上更加全面，因此本书最终仍然采用了 FAVAR 模型。

第四节　信贷量期限结构的经济效应

本章应用了一个包含家庭和企业的小型动态随机一般均衡(DSGE)模型，为分析中国的信贷期限结构与经济增长和通货膨胀的关系提供了一个框架。我们将短期贷款和中长期贷款的作用途径引入其中，深入分析了两类贷款的传导机制，通过数值模拟得出探索性的结论，并且使用 FAVAR 计量模型，以 1998—2010 年的季度数据证实了相应的结论。

研究结论表明，信贷总量中的短期贷款和中长期贷款对经济增长和价格总水平的影响存在着明显差异。短期贷款对经济增长仅有短期的促进效应，却会带来通货膨胀的压力；而中长期贷款能够促进经济的持续增长，同时，从长期来看，对价格总水平有抑制作用。在经济过热和通胀压力较大时，如果只是不加区分地简单压缩贷款规模，将不利于经济增长，也未必能够起到抑制通货膨胀的效果；在经济衰退时，如果只是随意地投向那些产能过剩，短期受益于财政刺激的行业，发放远远超出生产经营需要的资金贷款，只能对经济带来短暂的促进，却会极大增加未来通胀的压力。

我们在之前的理论模型分析中发现，短期贷款能够拉动企业的生产经营并刺激消费，这或许将造成短期的生产原料和消费品需求提高，形成需求拉动型的通货膨胀。在整体市场需求较好的情况下，资金的短期投入很容易增加企业短期产出，提高销售收入，进而对我国经济增长产生正向促进作用。对于长期贷款，在之前模型的假定中，我们已经分析了中长期贷款能够促进全要素生产率的提高，提升产出水平，并且，我们认为全要素生产率的提高降低了单位产出的成本，促进了产出效率，这对降低价格总水平是有正向作用的。一些学者的研究结果也证实了我们的推理，例如，徐惠儿等(2008)检验了全要素生产率增长份额和通货膨胀的负相关关系，万光彩和刘莉（2007）发现随着技术的进步，劳动生产率不断提高，导致总供给曲线向右下方移动，抑制物价上涨。

按照本章的分析，短期贷款对经济增长有短期的促进作用，中长期贷款对经济增长有较长时间的促进作用，如果我们将效果进行简单叠加，这与大量学者们认为的信贷总量对经济增长有正向影响是一致的。短期贷款将带来通货膨胀，而中长期贷款却能够抑制价格总水平的上涨，这就解释了为什么学者们在研究信贷总量对价格总水平的影响时会有不同的结论。因为采用不同时间段的数据，短期贷款和中长期贷款的组合不同，最终的叠加效果也将会不同。

当然，值得注意的是，本章的分析将信贷作为外生变量，没有细致分析银行监管、经营行为等对信贷造成的影响，在后续的章节中我们将会进一步研究该问题。

第四章　货币政策对银行信贷供给的影响

根据上一章的分析，我们发现信贷量能够对宏观经济产生巨大的影响，并且不同的信贷期限结构会产生不一样的作用效果。如果货币政策传导的信用渠道真实存在的话，货币政策必须能够对信贷量产生影响，所以本章我们将重点考察货币政策与信贷量的关系，同时由于不同信贷期限结构的宏观经济效应不同，我们还将关注货币政策是否会对信贷期限结构产生影响。

第一节　货币政策与信贷关系的研究范畴

一、货币政策指示的选择

要研究货币政策与信贷量的关系，首先要解决的问题是如何衡量货币政策究竟是紧缩的还是扩张的。大多数学者在研究货币政策时，常选用利率、货币供应量或叙述性方式等作为度量货币政策松紧的指标。

例如 Bernanke & Blinder(1992)、Kashyap & Stein(1994)均以利率作为货币政策的指示器进行相关领域的分析。但是通过中美情况的对比分析，我们发现双方在利率形成机制上存在明显的不同。在美国，美联储是通过在联邦基金市场上买卖债券资产，间接降低或提高利率水平。但是在中国，虽然货币市场的利率已经基本可以被认定为由市场决定，但是金融机构的存贷款基准利率却仍旧是由中国人民银行直接规定的，所以中国的利率是市场化与管制化并存的，整个利率体系并不是统一的市场行为，因此，仅仅使用利率作为衡量货币政策状态是不合适的。

国内学者一般使用货币供应量来度量中国的货币政策状态［例如刘金全(2002)、于则(2006)等］，并且1996年以后中国货币政策操作的中介目标确定为货币供应量。但是实际上货币供应量的变化是依存于信贷规模变化的［盛松成和吴培新(2008)、吴培新(2008)］，即信贷量在很大程度上决定了货币供应量，所以，倘若我们以货币供应量作为货币政策的指示去研究其对信贷量的作用，很可能存在着循环论证的问题。因此，在分析货币政策对信贷量影响的时候，也不合适利用货币供应量作为衡量货币政策的指标。

国内外也有学者使用其他指标来度量货币政策状态，例如Romer & Romer(1989)使用货币政策研究的“叙述性方法”，Boschen & Mills(1991)采用类似的方式，使用联邦公开市场操作委员会的文件，将货币政策划分为“非常紧”“紧”“中性”“松”和“非常松”五种情况，从而编制货币政策指数。但是我国公开市场操作的完整记录相对较少，通过该种方式描述货币政策状态的可行性不强。国内学者祝继高和陆正飞(2009)利用中国人民银行发布的“货币政策指数”来衡量货币政策紧缩还是宽松，该指标数据来源于《银行家问卷调查》，“该调查是由中国人民银行和国家统计局共同合作完成的一项制度性季度统计调查，采用全面调查与抽样调查相结合的调查方式，而其中的货币政策感受指数为判断货币政策‘适度’的银行家占比数”[①]。但是该数据主要依赖银行从业人员的感受来反应政策的紧松程度，由于相关人员在金融市场中全部处于业务发展的岗位，很可能会存在一定的系统偏差，而且它在中国既不属于央行操作的工具，也不属于央行调控的目标，我们认为该指数也不适合作为货币政策的指示器来进行定量分析。

① 摘自中国人民银行网站。

综上所述，由于信贷量的特殊性，现有文献中衡量货币政策的指标在本章的研究中无法使用。我们认为，从货币政策理论来看，利率和货币量均属于中介目标，信贷量在中国货币政策的执行中也是一个隐含的中介目标①。中国人民银行在调控中介目标时，主要是通过货币政策工具来进行具体操作。因此，我们要研究货币政策对信贷总量及结构的影响，实际上可以将问题直接转化为货币政策工具对信贷总量及结构的影响。

二、信贷供给与信贷需求的识别

索彦峰和范从来（2007）特别指出，在研究货币政策的信用渠道时，需要确认货币政策导致的银行贷款量变化究竟是因为贷款需求下降还是贷款供给下降，即必须将贷款的供给效应与贷款的需求效应区别开来。国外一些学者为解决这一问题，提出了利用银行资产组合相对变化情况的总量数据来进行识别[例如 Bernanke & Blinder（1992），Kashyap & Stein（1994）等]，国内学者索彦峰和范从来（2007）也是采用了类似的方法来研究货币政策对信贷供给的影响。但是 Oliner & Rudebusch（1996b）指出该类方法由于并没有充分控制贷款需求，其结果的可信性也是值得怀疑的。

国内学者在研究货币政策信用渠道时，大部分并没有识别信贷供给和信贷需求，既然通过考察银行资产组合行为的变化来研究货币政策的影响也存在一定的不合理性，那么这种直接以信贷总量进行研究的方式是否可取呢？我们认为中国的融资渠道一直以间接融资为主，在信贷资源相对稀缺的情况下，信贷量的变化主要是由信贷供给决定的，因此在实证研究时无需区分供给和需求效应。很多学者的相关研究支持了我们的假定。国务院发

① 一些学者[例如盛松成和吴培新（2008）等]甚至直接指出信贷量也应该是央行的中介目标之一。

展研究中心金融研究所货币政策传导机制研究组(2003)认为管制利率低于市场均衡水平,导致企业愿意贷款,而银行不愿意放,最终的实际贷款数量由贷款供给决定,在这种情况下可以通过分析决定贷款供给的影响因素来解释实际发生的贷款量。刘海英和何彬(2009)通过非均衡计量模型测算,发现从2001年至2008年间,大部分时间里中国的贷款需求是大于贷款供给的,即信贷市场处于信贷供给约束的状态,并指出近年来贷款增长率始终处于下降,并且严重滞后于工业产出需求,紧缩性货币政策所导致的信贷供给约束又强化了这一非均衡状态。史青青等(2010)认为中国信贷市场上银行信贷能力是影响信贷供给的重要变量,银行信贷能力越高,社会上的贷款就越多。徐建炜(2011)认为中国的官方利率低于市场利率,市场对资金的需求量远远高于金融系统的资金供给量,因此最终通过信贷配给来选择性地满足一部分货币需求量。

三、货币政策工具对信贷影响的相关研究

货币政策工具可以分为数量型工具和价格型工具,存款准备金、公开市场业务、再贷款和再贴现属于数量型工具,利率则属于价格型工具。两类工具的侧重点有所不同,央行提高法定准备金率、加强公开市场操作、再贷款和再贴现,主要调节商业银行的可贷资金,从而控制商业银行的放贷能力;利率工具则倾向于调节贷款需求,同时也会刺激银行信贷供给的积极性。

由于金融市场环境的不同,国外学者侧重于研究货币政策松紧对信贷供给的作用[如 Bernanke & Blinder(1992),Kashyap & Stein(1994)等],鲜有直接研究各种货币政策工具对信贷的直接影响。在中国货币政策工具对信贷量的影响上,国内学者间存在着较大的分歧,分析结论中各类工具的作用方向以及强度均有不同。

少部分学者认为货币政策工具对信贷调控基本是无效的,黄

金老(2010)甚至明确指出信贷限额管理才是最好的,他通过央行的实际操作证实了一点。2007 年第 4 季度至 2008 年第 3 季度,央行加强对商业银行的"窗口指导"和信贷政策引导,重启过去那种信贷控制的方式,只不过在名称上冠以"信贷规划"而已。2008 年四季度央行又取消了对商业银行信贷规划的约束,并引导商业银行扩大贷款总量,而 2009 年 7 月,央行又实质上恢复了贷款限额控制。[①] 吴丽华(2008)也认为信贷规模控制手段效果好、针对性强、收放自如,而三大货币政策工具的信贷调控效果却不明显。

大部分学者则认为货币政策工具能够起到信贷调控的作用,但是在各类工具的实际效力上结论不同。

第一,在数量型工具和价格型工具的比较上,部分学者认为数量型要优于价格型。莫万贵和王立元(2008)认为存款准备金率、公开市场操作等数量型工具通过调节商业银行的可贷资金来控制贷款供给,比通过贷款利率来调控贷款需求,对抑制贷款增加更加有效。陆前进和卢庆杰(2008)认为央行应更多地使用数量型工具,谨慎使用价格型工具,提高法定准备金率和发行央行票据对经济的影响较小,利率的不断提高会使调控面临更多的困境。

第二,数量型工具中,准备金和公开市场业务的影响效力方面也有不同结论。王艺明(2008)提出法定存款准备金率的提高造成信贷配给,不利于经济长期发展,同时其在收缩流动性方面存在局限性,未来的作用将减弱,我国必须提高公开市场业务操作的有效性和独立性。余明(2009)认为准备金政策的信贷紧缩效应是存在的,但是其有效性受商业银行超额准备金率、存款规模的变化情况以及其他资金来源构成三个方面的影响。

第三,在价格型工具的影响方向上,学者们的研究结论也存在一定的差异。王国刚(2009)认为 2006—2007 年,我国频繁提高存贷款利率以收紧银根,新增贷款规模不仅没有减少,反而大

① 相关政策的调整情况整理于每季度的《中国货币政策执行报告》。

幅增加，因此，在我国金融实践中，提高存贷款基准利率并不具有紧缩银根的效应。国务院发展研究中心金融研究所货币政策传导机制研究组(2003)认为贷款利率的提高将导致贷款投放下降。李占风等(2010)指出当利率调整1个百分点时，贷款余额会朝相反的方向变化4.572%。

总的来说，上述学者的研究都没能系统地去解释几类货币政策工具的影响，有的学者采用的数据时间较短，莫万贵和王立元(2008)、吴丽华(2008)等的研究主要以2007—2008年的情况作为分析的主要对象，从而使得结论具有片面性，不利于全面比较两类货币政策工具的效力。有的学者则没有全部对货币政策工具进行对比分析，只是考察其中的一部分，或者侧重于关心准备金工具，或者侧重于利率工具。因此，我们在后续的研究中拟将几类工具统一纳入一个框架下进行全面的比较分析。

第二节　货币政策工具影响信贷的理论分析

一、货币政策工具的运用

在上一节，我们提到货币政策工具可以大致分为数量型工具和价格型工具，中国人民银行则明确列出中国的货币政策工具包括四大类：公开市场业务、存款准备金、再贴现和中央银行贷款、利率政策。四类工具的简单介绍及运用分析如下。

（一）存款准备金

“存款准备金是指金融机构为保证客户提取存款和资金清算需要而准备的资金，金融机构按规定向中央银行缴纳的存款准备金占其存款总额的比例就是存款准备金率。”①从1998年3月21日起，对存款准备金制度进行七项改革，主要包括：“准备金存款”

① 摘自中国人民银行网站。

账户的合并，存款准备金的存入机构、考核时间、支付利率、需缴纳准备金的存款范围，等等。存款准备金政策是中国实施宏观调控的重要手段，也是央行调控信贷总量过快增长时频繁动用的工具。

（二）公开市场业务

“公开市场操作是中央银行吞吐基础货币，调节市场流动性的主要货币政策工具，通过中央银行与指定交易商进行有价证券和外汇交易，实现货币政策调控目标。”①公开市场业务操作的主要市场为银行间债券市场和银行间同业拆借市场，主要交易工具包括国债、政策性金融债券和中央银行票据等。

（三）再贴现和中央银行贷款

“再贴现是中央银行对金融机构持有的未到期已贴现商业汇票予以贴现的行为。在我国，中央银行通过适时调整再贴现总量及利率，明确再贴现票据选择，达到吞吐基础货币和实施金融宏观调控的目的，同时发挥调整信贷结构的功能。中央银行贷款指中央银行对金融机构的贷款，简称再贷款，是中央银行调控基础货币的渠道之一。中央银行通过适时调整再贷款的总量及利率，吞吐基础货币，促进实现货币信贷总量调控目标，合理引导资金流向和信贷投向。”②但是根据实际情况来看，尽管 1998 年再贴现政策正式成为我国间接型货币政策操作工具之一，但是其在我国事实并非一直充当操作工具，而是主要作为“伦巴德工具”。我国的再贷款 1998 年后也主要用于向政策性银行及四大国有资产管理公司注资，并且到 2008 年时再贷款的比重仅为 4%。汪洋(2009)指出 2003 年以来由于金融机构的流动性过剩，再贴现业务基本处于萎缩状态；再贷款则逐步转向“不良资产货币化”功能转变，财政特征日益明显。理论与实践均说明，再贴现和中央银

① 摘自中国人民银行网站。

② 同上。

行贷款在1998—2010年间只有很少部分时间发挥了一定的操作工具的作用，所以我们可以忽略其对信贷调控的影响。

（四）利率工具

“利率政策是我国货币政策的重要组成部分，也是货币政策实施的主要手段之一。中国人民银行根据货币政策实施的需要，适时地运用利率工具，对利率水平和利率结构进行调整，进而影响社会资金供求状况，实现货币政策的既定目标。利率工具主要包括调整融机构法定存贷款利率及浮动范围、中央银行基准利率、存款准备金利率等。”[①]近年来，中国人民银行进一步加强了对利率工具的运用。虽然2004年10月开始，金融机构（不含城乡信用社）贷款利率在基准利率基础上浮动的上限完全放开，但是央行调整贷款基准利率对商业的利率定价仍有最直接的影响。随着利率市场化改革的逐步推进，利率作为重要的经济杠杆，在国家宏观调控体系中将发挥更加重要的作用。

二、货币政策工具的理论分析

1998年以后，中国人民银行取消了对各金融机构的信贷总量和信贷结构实施的贷款规模管理，从过去主要依托行政干预逐步向市场化的调控方式转变。针对中国实践中主要运用的货币政策工具，按照前面对相关间接调控手段的简单分析，我们最终选定公开市场业务、存款准备金和利率工具作为我们研究的对象。在中国确实存在着对信贷资金超额需求的情况下，最终信贷量的变化主要由信贷供给来决定。因此，研究我国货币政策对信贷规模调整的影响，就是分析中央银行进行公开市场操作，调整存款准备金率和利率，从而调节信贷供给的过程。

我们借鉴 Bernanke & Blinder(1988)分析银行资产负债的方法，以简化后的全社会商业银行体系的资产负债表为依据，从商

① 摘自中国人民银行网站。

业银行资金的来源和运用分析货币政策工具可能会对贷款供给产生的影响。我们假设银行贷款为 L，准备金为 R，债券为 B，存款为 D，同业拆借资金为 C，同时假定银行的资本金为零，则根据会计原理，银行的总资产应该等于总负债($L+R+B=D+C$)，如表 4.1 所示。

表 4.1　商业银行体系资金来源与运用

资产	负债
贷款(L)	存款(D)
准备金(R)	同业拆借资金(C)
债券(B)	

(1) 央行上调法定存款准备金率，在其他资金来源和超额准备金不变的情况下，商业银行必然会下调贷款投放或债券持有量，不过这一调整程度还会受到超额准备金和其他资金来源的影响。

(2) 央行进行公开市场业务操作时，由于实施公开市场业务的两个主要场所为银行间债券市场和银行间同业拆借市场，因此，其会对银行持有债券的收益率产生影响，同时也会对银行拆借资金的成本产生影响。如果我们用 m 表示公开市场业务的松紧度，m 越大表示公开市场业务是收缩流动性的，则当 m 增大时，债券收益会上升，同时同业拆借的资金成本会提高。我们认为这种情况下银行将减少拆借资金的持有，从而造成负债总量减少，在银行的资产组合中偏好于债券，增加债券投资，最终引起贷款供给的减少。

(3) 央行调整贷款利率，在其他条件不变的情况下，贷款收益的提高，将会刺激银行增加信贷供给，但是其调整程度会受到宏观经济环境，银行资产负债匹配的管理方式等方面的影响。同时，因为基准利差由中国人民银行规定，这对银行的实际经营行为将会产生较大影响，所以我们认为利率工具中，贷款利率绝对值和利差同时发挥作用，共同影响银行的贷款供给，利差的增加会提高银行信贷供给。

所以，综上所述，银行的贷款供给函数可以简单归纳为 $L=f(i\uparrow,m\downarrow,r\downarrow)$，法定准备金率($r$)提高，公开市场业务($m$)收紧，利差缩小对贷款供给的影响为负，贷款利率($i$)提高，对贷款供给的影响为正。

从理论上讲，货币政策工具主要是进行信贷总量的控制，却很难对信贷的期限结构进行调节，信贷结构的调整更多的是依赖信贷政策及其监管，中国人民银行也专门介绍了信贷政策和货币政策的关系："信贷政策和货币政策相辅相成，相互促进。两者既有区别，又有联系。通常认为，货币政策主要着眼于调控总量，通过运用利率、汇率、公开市场操作等工具借助市场平台调节货币供应量和信贷总规模，促进社会总供求大体平衡，从而保持币值稳定。信贷政策主要着眼于解决经济结构问题，通过引导信贷投向，调整信贷结构，促进产业结构调整和区域经济协调发展。"①因此，我们认为货币政策工具对短期贷款和中长期贷款的影响是相似的。

第三节　货币政策工具调控信贷总量的实证检验

一、研究方法的选择

（一）研究方法的比较

米什金(1998)总结了研究货币政策传导机制的两种实证分析方法：结构模型法和简化形式法。如果将两种分析方法直接对应到计量方法的使用上，则前一种是以结构模型为基础的传统计

① 摘自中国人民银行网站。

量方法，依靠经济理论基础来描述变量之间的关系；后一种则是直接考察两个变量之间的关系，从而研究一个变量是否会对另一个变量产生影响。对于简化形式法，Sims(1980)从经济学研究引入的向量自回归(VAR)模型就是其中之一。由于该模型避免了结构方程设定上的理论假设，并且能够用来研究经济系统的动态特征，所以近年来在货币政策传导机制的实证研究中得到了广泛应用。例如 Bernanke & Blinder(1992)采用此模型研究了货币政策对信贷供给的影响。但是我们认为 VAR 模型无法涵盖不同时期的外部环境的相关信息，不利于我们去比较不同时间相同变量的不同影响效果；而且 VAR 模型中只包含少数变量的脉冲响应情况，侧重于分析单个变量对其他变量的冲击，尽管可以借助方差分析来检验不同变量的贡献度，但仍难以满足综合考虑几个自变量同时对某单一因变量产生影响时各自的效力。因此，我们认为使用基于经济理论为基础的传统计量方法，更适合我们研究货币政策工具在不同阶段的作用，以及各个工具的相对影响力。

另外，由于我国近十年来经济结构、金融制度、银行经营等方面都发生了巨大变化，用传统的固定参数模型无法揭示相关制度变化对信贷量的动态影响。例如 Kashyap & Stein(1994)的研究就是采用了此方法，尽管他们预测了货币政策波动的持续效应，但是却无法借助其分析某个历史时间段的特殊性。高铁梅(2009)概括指出，在计量经济学文献中，状态空间模型被用来估计不可观测的时间变量，利用状态空间形式表示动态系统主要有两个优点：第一，状态空间模型将不可观测的变量(状态变量)并入可观测模型并与其一起得到估计结果；第二，状态空间模型是利用强有效的递归算法——卡尔曼滤波来估计的。[①]

(二) 模型的初始设定

我们主要关注货币政策工具对信贷投放的影响，但是其他影

① 引自高铁梅的《计量经济分析方法与建模》372 页。

响贷款供给的因素还很多，例如宏观金融环境、监管制度、行业结构等，存款余额也仅仅是一个方面，所以在进行实证分析时，需要在方程中添加控制变量。国务院发展研究中心金融研究所货币政策传导机制研究组（2003）认为，影响贷款供给的因素包括利差、经济增长速度、不良贷款率、贷款对象转换带来的额外信息处理成本、资金来源方面的制约、外国投资、国债发行、出口。按照之前的理论分析，如果我们仅考虑存款一项，可能会遗漏重要变量，从而对结果造成较大误差。同时，鉴于总体的样本量有限，如果更多地添加控制变量，会丧失较多的自由度，使得估计结果偏差较大。因此，考虑到贷款的投放存在一定的延续性，我们将上一期的贷款增加额作为一项影响因素，利用其涵盖其他未知的信息，和货币政策工具的相关变量一起构成计量模型的解释变量。

为了更好地分析货币政策工具对信贷的影响，我们首先使用固定参数的分布滞后模型来检验货币政策工具对信贷总量的影响，分析各类工具的平均效应，然后通过引入可变参数状态空间模型，来分析法定存款准备金率、公开市场业务、利率等对信贷量的动态影响过程，进而分析不同时间段所产生的不同效力，并揭示它们之间的内在联系，使得整个分析过程更具有说服力和严密性。法定存款准备金率和公开市场业务可以迅速执行，当中央银行执行相关操作时，对信贷供给的影响比较迅速，因此对公开市场业务和存款准备金取当期的数据。而贷款利率和贷款利差对信贷量的调整需要一定时间来完成，我们引入了贷款利率和贷款利差的一阶滞后。后面我们将会对具体的模型形式进行筛选比较。

二、变量及数据说明

（一）变量指标的选择

1. 存款准备金

我们直接选择央行公布的法定存款准备金率，由于 2008 年开始，央行对大型金融机构和中小型金融机构实行不同的法定存款准备金率要求，因此我们将两类机构的法定准备金率进行加权平均，作为当期的准备金率要求。如果涉及季度内法定准备金率调整，按照季度内的每档准备金率的持续时间占比，折算出该季度的法定准备金率。

2. 公开市场业务

1996 年 1 月，我国基本建成了全国性的银行间同业拆借市场，1997 年 6 月建立了银行间债券市场，总的来说，银行间债券市场利率和同业拆借利率的市场化程度均很高，都能够反映公开市场业务操作，并且银行间同业拆借市场与债券回购市场同期限的利率具有正向的协整关系，两个市场的利率具有趋同性（邓向荣等，2009）。但是银行间债券市场利率仅能获得 2002 年起的数据。因此，我们最终选择银行间同业拆借利率作为公开市场业务操作的工具变量，不会影响最终结论的正确性。我们利用每个月的银行间同业拆借加权平均利率，将月度数据再次加权平均后得到当季的平均拆借利率。

3. 利率

很多学者在研究时，在利率指标的数据选取上，采用一年期基准贷款利率，属于短期贷款利率。但我们认为随着中长期贷款的比重不断上升，中长期贷款的利率可能更能代表利率水平。为了更具有一般性，在实际的模型设定中，我们尝试将短期贷款利率和中长期贷款利率均纳入模型中，按照之前的分析，我们还将同时考虑短期贷款利差和中长期贷款利差。将 6 个月和 1 年的贷款利率进行平均，得到短期贷款利率；将 1—3 年、3—5 年、5 年以上的贷款利率进行平均，得到中长期贷款利率。季度内涉及利率调整的，按每档利率的持续时间占比，折算出该季度的短期贷款利率和中长期贷款利率。短期贷款利差和中长期贷款利差按相同方法得出。

（二）数据的描述和平稳性检验

1998 年 1 月 1 日起，中国人民银行取消了贷款限额的控制，货币信贷调控由直接控制转为间接控制，因此我们的实证检验数据全部选用 1998—2010 年的季度数据，原始数据全部来源于 wind 数据库，相关数据的折算方法采用我们之前分析的方法，相关数据如表 4.2 所示，数据的趋势性描述见图 4.1—图 4.4。

表 4.2　银行间同业拆借利率、法定存款准备金率和贷款利率、利差的季度数据

时间	银行间同业拆借加权平均利率	法定存款准备金率	短期贷款利率	中长期贷款利率	短期存贷利差	中长期存贷利差
1998 年第 1 季度	8.52%	12.40%	8.15%	9.93%	3.24%	3.48%
1998 年第 2 季度	7.02%	8.00%	7.47%	9.69%	2.79%	3.30%
1998 年第 3 季度	5.09%	8.00%	6.75%	7.59%	2.39%	2.40%
1998 年第 4 季度	4.94%	8.00%	6.59%	7.44%	2.49%	2.52%
1999 年第 1 季度	4.44%	8.00%	6.26%	7.14%	2.70%	2.76%
1999 年第 2 季度	4.13%	8.00%	6.14%	6.90%	2.88%	2.89%
1999 年第 3 季度	2.78%	8.00%	5.72%	6.06%	3.51%	3.36%
1999 年第 4 季度	2.72%	7.00%	5.72%	6.06%	3.51%	3.36%
2000 年第 1 季度	2.51%	6.00%	5.72%	6.06%	3.51%	3.36%
2000 年第 2 季度	2.40%	6.00%	5.72%	6.06%	3.51%	3.36%
2000 年第 3 季度	2.36%	6.00%	5.72%	6.06%	3.51%	3.36%
2000 年第 4 季度	2.41%	6.00%	5.72%	6.06%	3.51%	3.36%
2001 年第 1 季度	2.60%	6.00%	5.72%	6.06%	3.51%	3.36%
2001 年第 2 季度	2.51%	6.00%	5.72%	6.06%	3.51%	3.36%
2001 年第 3 季度	2.43%	6.00%	5.72%	6.06%	3.51%	3.36%
2001 年第 4 季度	2.36%	6.00%	5.72%	6.06%	3.51%	3.36%
2002 年第 1 季度	2.29%	6.00%	5.48%	5.86%	3.39%	3.23%

续　表

时间	银行间同业拆借加权平均利率	法定存款准备金率	短期贷款利率	中长期贷款利率	短期存贷利差	中长期存贷利差
2002 年第 2 季度	2.11%	6.00%	5.18%	5.61%	3.24%	3.06%
2002 年第 3 季度	2.06%	6.00%	5.18%	5.61%	3.24%	3.06%
2002 年第 4 季度	2.15%	6.00%	5.18%	5.61%	3.24%	3.06%
2003 年第 1 季度	2.12%	6.00%	5.18%	5.61%	3.24%	3.06%
2003 年第 2 季度	2.04%	6.00%	5.18%	5.61%	3.24%	3.06%
2003 年第 3 季度	2.34%	6.10%	5.18%	5.61%	3.24%	3.06%
2003 年第 4 季度	2.51%	7.00%	5.18%	5.61%	3.24%	3.06%
2004 年第 1 季度	2.23%	7.00%	5.18%	5.61%	3.24%	3.06%
2004 年第 2 季度	2.29%	7.35%	5.18%	5.61%	3.24%	3.06%
2004 年第 3 季度	2.32%	7.50%	5.18%	5.61%	3.24%	3.06%
2004 年第 4 季度	2.18%	7.50%	5.33%	5.81%	3.24%	2.82%
2005 年第 1 季度	2.12%	7.50%	5.40%	5.91%	3.24%	2.70%
2005 年第 2 季度	1.54%	7.50%	5.40%	5.91%	3.24%	2.70%
2005 年第 3 季度	1.47%	7.50%	5.40%	5.91%	3.24%	2.70%
2005 年第 4 季度	1.54%	7.50%	5.40%	5.91%	3.24%	2.70%
2006 年第 1 季度	1.71%	7.50%	5.40%	5.91%	3.24%	2.70%
2006 年第 2 季度	1.89%	7.50%	5.55%	6.09%	3.39%	2.88%
2006 年第 3 季度	2.34%	8.25%	5.74%	6.36%	3.47%	2.91%
2006 年第 4 季度	2.57%	8.75%	5.85%	6.54%	3.47%	2.85%
2007 年第 1 季度	2.09%	9.75%	5.87%	6.57%	3.46%	2.85%
2007 年第 2 季度	2.41%	11.00%	6.11%	6.88%	3.40%	2.72%
2007 年第 3 季度	2.56%	12.00%	6.53%	7.29%	3.30%	2.49%
2007 年第 4 季度	2.47%	13.50%	6.90%	7.66%	3.22%	2.42%

续 表

时间	银行间同业拆借加权平均利率	法定存款准备金率	短期贷款利率	中长期贷款利率	短期存贷利差	中长期存贷利差
2008 年第 1 季度	2.41%	15.00%	7.02%	7.71%	3.06%	2.34%
2008 年第 2 季度	2.83%	16.50%	7.02%	7.71%	3.06%	2.34%
2008 年第 3 季度	2.79%	17.50%	6.97%	7.68%	3.01%	2.31%
2008 年第 4 季度	2.08%	16.00%	6.12%	6.82%	2.86%	2.19%
2009 年第 1 季度	0.87%	15.00%	5.09%	5.70%	2.97%	2.34%
2009 年第 2 季度	0.87%	15.00%	5.09%	5.70%	2.97%	2.34%
2009 年第 3 季度	1.27%	15.00%	5.09%	5.70%	2.97%	2.34%
2009 年第 4 季度	1.27%	15.00%	5.09%	5.70%	2.97%	2.34%
2010 年第 1 季度	1.36%	16.00%	5.09%	5.70%	2.97%	2.34%
2010 年第 2 季度	1.77%	16.50%	5.09%	5.70%	2.97%	2.34%
2010 年第 3 季度	1.73%	16.75%	5.09%	5.70%	2.97%	2.34%
2010 年第 4 季度	2.12%	17.50%	5.30%	5.88%	2.98%	2.08%

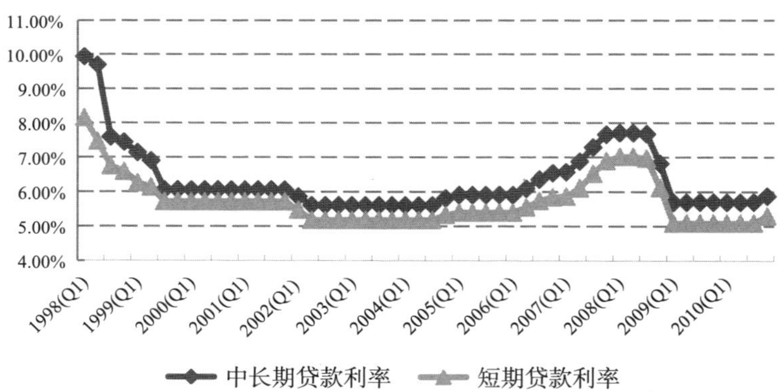

图 4.1　短期贷款利率和中长期贷款利率

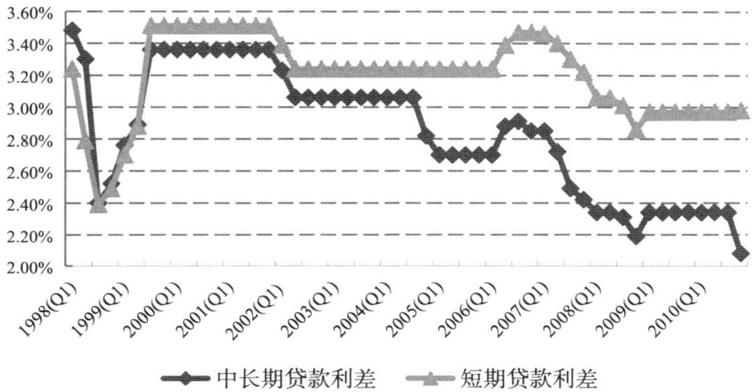

图 4.2　短期贷款利差和中长期贷款利差

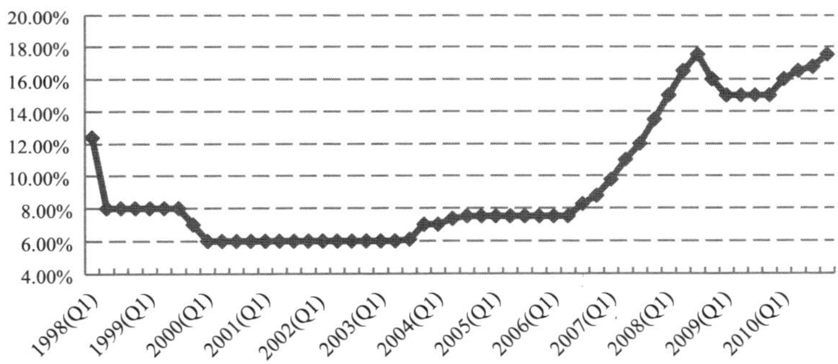

图 4.3　法定存款准备金率

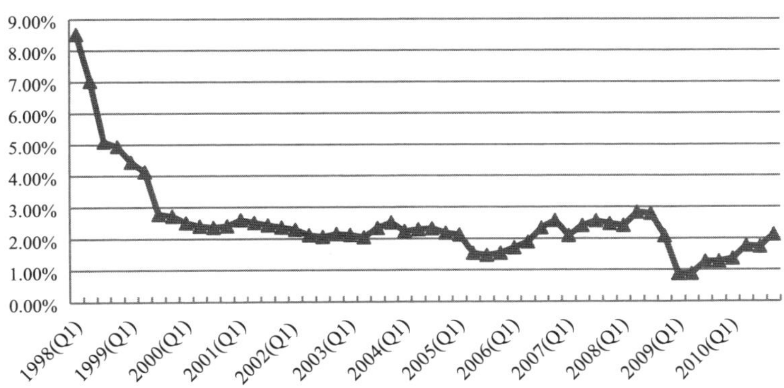

图 4.4　银行间同业拆借加权平均利率

为消除贷款数据的季节趋势，我们首先使用 X—11 法对贷款余额进行了季节调整。我们认为在利用实际数据分析法定存款准备金率、公开市场业务和利率对信贷量影响时，数据处理上存在一定的差异。法定存款准备金率影响新增贷款时，主要是提高的准备金部分对信贷供给产生影响，即不同阶段法定准备金率的差分值影响信贷新增量。反映公开市场业务的银行间同业拆借利率和贷款利率则主要是通过利率的绝对值来影响新增贷款，因为银行的信贷投放参考的是利率绝对值而不是调息的差值。因此，我们必须首先对贷款总量和法定存款准备金率进行差分。

所有数据均为时间序列，在进行回归分析前必须检验各变量是否平稳的，否则容易造成“伪回归”，使得通常的统计推断标准失去意义。因此我们首先使用 ADF 法对各变量进行单位根检验，以判断其稳定性。我们发现银行间同业拆借加权平均利率、短期贷款利率、中长期贷款利率、短期存贷利差、中长期存贷利差在 5%的显著性水平上平稳，而法定存款准备金率和贷款余额的差分在 5%的显著性水平上平稳。我们主要关注银行间同业拆借加权平均利率、法定存款准备金率的增加值、贷款利率和利差对信贷增加值的影响，由于相关数据是平稳的，所以我们可以直接利用相关数据进行回归检验。

三、固定参数模型的信贷总量分析

按照之前的方法选择和模型设定，我们首先使用固定参数的回归模型来检验法定存款准备金、公开市场操作和利率对信贷总量的影响，并采用逐步回归的方法来选择最终的模型。

我们构建出固定参数的回归模型框架为：

$DLOAN = f[DLOAN(-1)$、$DRESERVERATE$、$IBRATE$、$LONGRATE(-1)$、$DLONGRATE(-1)$、$SHORTRATE(-1)$、$DSHORTRATE(-1)]$

每个回归的被解释变量都是贷款总量增加额 $DLOAN$，解释变量是法定存款准备金率变动 *DRESERVERATE*、同业拆借加权平均利率 *IBRATE*、中长期贷款利率一阶滞后 *LONGRATE*(−1)、中长期贷款利差一阶滞后 *DLONGRATE*(−1)、短期贷款利率一阶滞后 *SHORTRATE*(−1)、短期贷款利差一阶滞后 *DSHORTRATE*(−1)。

在对模型进行估计时，若解释变量中存在被解释变量的滞后项，则检验自相关时，*DW* 值的检验不再适用，我们采用 *LM* 值来检验自相关问题。相关结果见表 4.3，可以看出，三个模型均不存在自相关问题，相应的系数估计是有效的。模型(1)中包含了短期贷款增加额的一阶滞后和短期贷款利差一阶滞后，结果显示，只有同业拆借加权平均利率和贷款总量增加额一阶滞后前的系数显著，模型的解释性较差。我们注意到，短期贷款利率和长期贷款利率显著相关，短期贷款利差和中长期贷款利差也显著相关，因此模型中的变量设置存在相关性问题。所以，我们在模型(2)中剔除了短期贷款利率和短期贷款利差，结果显示，除截距相外，解释变量前的系数全部显著。在模型(3)中，我们进一步调整，去除截距项后，所有解释变量影响系数的显著性均在 5%以上。回归结果表明，法定准备金率变动、同业拆借加权平均利率和中长期贷款利差均对贷款总量增加额均有负向作用，而中长期贷款利率对贷款总量增加额有正向作用。这说明总体来讲，货币政策工具中，法定存款准备金制度和公开市场业务是能够对信贷供给起到明显的调节作用的，两类工具的收紧将会压缩信贷增加额，而对于利率这一工具，我们发现利率的提高虽然从形式上属于货币政策的紧缩，但是在实际中，利率的提高增加了银行投放贷款的动力，在信贷资源紧缺的情况下，利率提高未能有效压制市场需求，利率对贷款供给的促进作用要大于其对贷款需求的抑制作用，信贷总量最终还是由信贷供给决定，因此整体上出现了信贷总量增加额与利率之间的正相关。利差与信贷之间的负相关，主要是因为中国的利差由中国人民银行决定，并不是一个市场化行为，尽管利差在逐步降低，但随着整个金融环境的变化，商业银行间的竞争日趋激烈，在利润最大化的驱使下，利差下降的同时，信贷总量增加，从而弥补银行利润的损失。童士清(2008)指出要减少贷款的发放量必须着眼于缩小存贷利差，但根据我们的结论，在商业银行没有新的有效的利润增长点时，仅靠简单的利差减少是无助于减少贷款投放量的。

表 4.3　固定参数回归模型

被解释变量:贷款总量增加额			
解释变量	模型(1)	模型(2)	模型(3)
法定存款准备金率变动	−1 488.681 (1 228.048)	−2 555.421*** (930.841)	−2 390.208** (909.498)
同业拆借加权平均利率	−5 149.915*** (1 749.382)	−3 089.577*** (1 045.215)	−3 471.499*** (948.757)
贷款总量增加额一阶滞后	0.437 387*** (0.123)	0.483 024*** (0.112)	0.535 340*** (0.095)
中长期贷款利率一阶滞后	2 352.279 (3 088.201)	2 228.241** (1 035.836)	2 955.415*** (624.545)
中长期贷款利差一阶滞后	1 172.889 (4 216.588)	−3 916.610* (2 040.051)	−2 323.815** (943.549)
短期贷款利率一阶滞后	705.646 (4 221.732)		
短期贷款利差一阶滞后	−8 062.792 (5 825.358)		
截距项	200.569 8 (124.433)	86.267 32 (97.896)	
调整后 R^2	0.668	0.666	0.667
LM 值 *F* 检验的概率值	0.803	0.545	0.379

注：括号中标注的为标准差，* 表示 10%水平显著，** 表示 5%水平显著，*** 表示 1%水平显著。

由于表 4.3 中，模型(3)的回归系数没有进行标准化处理，我们无法比较各个解释变量作用的相对大小。因此，我们重新对模型(3)求标准化回归系数，如表 4.4 所示。从表 4.4 的结果可以看出，同业拆借加权平均利率对贷款总量增加额的影响要强于法定准备金利率。我们认为这可能主要是因为中央银行实现公开市场业务操作的市场有银行间债券市场和银行间同业拆借市场，所以公开市场操作发挥作用时，会有两方面的叠加作用。第一，通过在银行间债券市场的买卖，调节该市场的收益率水平，从而改变银行在贷款和证券两类资产间的投资比例。第二，在银行间同业拆借市场进行调节，提高或降低银行获取资金的价格，潘松等(2009)也指出商业银行参与拆借市场的重要目的包括保证支付的正常进行和中央银行法定存款准备金的要求。这两个方面的作用与公开市场操作本身兼具调整资产项和负债项的作用也是一致的。对于利率这样的价格工具，利率的提高和利差的降低不能有效降低信贷供给。因此在紧缩货币政策下，加息或许可以在缓解通货膨胀预期方面能起到一定作用，但是无法抑制信贷投放，甚至在整体信贷供给小于信贷需求的情况下，增强了银行的信贷投放动力。而且，如果在经济前景不确定的情况下，大幅的升息很可能增加企业的财务负担，造成一定的负面影响。

表 4.4　各类解释变量的系数比较

解释变量	标准化系数
法定准备金率变动	−0.224
同业拆借加权平均利率	−0.445
贷款总量增加额一阶滞后	0.529
中长期贷款利率一阶滞后	0.376
中长期贷款利差一阶滞后	−0.136

通过对数量型工具和价格型工具平均效用的比较，我们认为整体上而言，在取消贷款规模控制后，通过法定存款准备金率、公开市场业务等数量工具来调节商业银行的资金来源，改变贷款创造能力，控制贷款供给，比通过贷款利率来调控信贷总量会更加有效。

四、可变参数状态空间方程的信贷总量分析

我们用固定参数模型分析了几类货币政策工具和信贷量之间的整体关系，但正如前期所分析的，1998 年以来，由于我国各种制度政策变化以及外来冲击等各类因素的影响，货币政策工具的有效性也在逐渐发生变化，采用固定参数模型不能体现出这种动态演变，而可变参数的状态空间模型却可以刻画出货币政策工具效应的动态变化特征。

高铁梅(2009)指出，状态空间模型一般应用于多变量时间序列。设 y_t 是包含 k 个经济变量的 $k\times1$ 维可观测向量。这些变量与 $m\times1$ 维向量 α_t 有关，α_t 被称为状态向量。定义“量测方程”(measurement equation) 或称“信号方程”(signal equation)为：

$$y_t = Z_t\alpha_t + d_t + u_t,\quad t=1,2,\cdots,T$$

一般地，α_t 的元素是不可观测的，然而可以表示成一阶马尔可夫(Markov)过程，定义转移方程(transition equation)或称状态方程(state equation)则定义为

$$\alpha_t = T_t\alpha_{t-1} + c_t + R_t\varepsilon_t,\quad t=1,2,\cdots,T$$

当一个模型被表示成状态空间形式，就可以对其应用一些重要的算法求解，Kalman 滤波是其中的一种核心算法，该算法基于时刻 t 所有可得到的信息，计算状态向量的最理想的递推过程。①

参照这样的方法，以上一部分的固定参数模型为基础，我们设定状态空间方程的形式如下：

---

① 摘自高铁梅(2009)的《计量经济分析方法与建模》，372—375 页。

量测方程：$DLOAN_t = c(1)^* DLOAN_{t-1} + sv1_t{}^* DRESERVERATE_t + sv2_t{}^* IBRATE_t + sv3_t{}^* LONGRATE_{t-1} + sv4_t{}^* DLONGRATE_{t-1} + \varepsilon_t$

状态方程：$sv1t = sv1t-1+\mu 1t$

$sv2t = sv2t-1+\mu 2t$

$sv3t = sv3t-1+\mu 3t$

$sv4t = sv4t-1+\mu 4t$

利用 EVEWS6.0 软件对其进行估计，得到如下结果：

$DLOAN_t = 0.535^* DLOAN_{t-1} + sv1_t{}^* DRESERVERATE_t + sv2_t{}^* IBRATE_t + sv3_t{}^* LONGRATE_{t-1} + sv4_t{}^* DLONGRATE_{t-1} + [var = exp(7.157)]$

极大似然值＝－267，AIC ＝10.77，参数估计的 p 值均小于 0.01，四个状态方程估计的 p 值均小于 0.01，这说明量测方程中的状态变量是显著的。时变参数 $sv1t$、$sv2t$、$sv3t$、$sv4t$ 的走势见图 4.5、图 4.7 和图 4.8 所示。

可变参数状态方程估计出各个自变量在不同时期的影响系数，如果将不同时期的系数值进行平均，其结果与前面部分使用固定参数模型得出的系数值是类似的，这说明了两者方法在整体结论上是一致性的，我们的结论是相对稳定的。但是，由于最近十多年我国的经济环境、金融市场、监管政策、银行业发展以及银行的经营行为等均发生了巨大的变化，因此，不同时期操作工具的使用对信贷投放的影响效果可能存在较大的波动，在某些时间的影响效力不同，甚至在某些时期还存在着不同的影响方向。下面我们将逐一进行相关的分析。

（一）法定存款准备金

米什金(1998)概括指出，法定存款准备金率的变化可以通过货币乘数效应对货币供应量产生猛烈影响，法定准备金率的小幅变化，也能带来货币供应的较大变化，因此，在货币理论中，提高法定存款准备金率是一剂“猛药”。同时，从微观上来看，对于超额准备金很低的银行来说,法定准备金率的变动将迫使银行重新调整资产组合,如果其在短时间内不能完成,很可能引起流动性问题,并且不断变动法定准备金率也会给银行带来更多不确定因素,使银行的流动性管理变得更加困难。从发达国家最近20多年存款准备金制度的发展趋势来看,各国大多倾向于降低或固定法定准备金率。英国、加拿大、澳大利亚等已经逐渐放弃了法定准备金制度,银行体系的准备金主要取决于银行交易清算的需要。美国、欧元区和日本虽然仍存在法定存款准备金制度,法定存款准备金率已经下降到非常低的水平,而且基本上不再将调整法定存款准备金率作为货币政策的一种操作工具。

但是,从中国货币政策调控的现实情况来看,1984年中国人民银行建立存款准备金制度后,就一直把调整法定存款准备金率作为货币政策执行的重要工具之一,经常频繁、大幅度地对其进行调整。那么法定存款准备金在各个阶段实际达到的效果如何呢?(见图4.5)

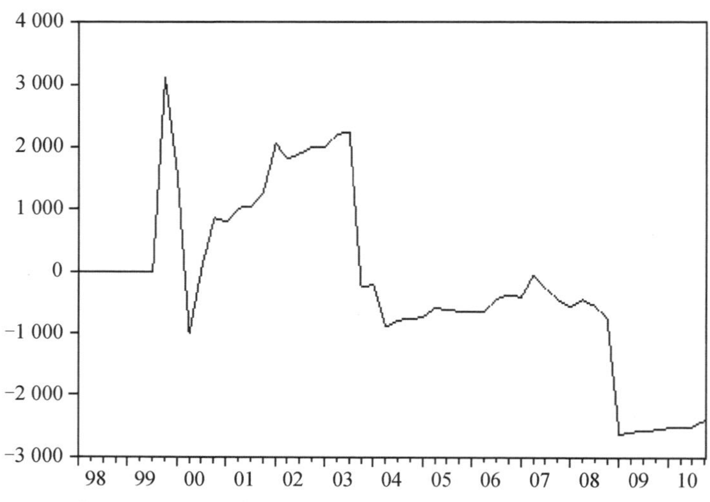

图4.5 法定存款准备金率对信贷的影响

从图 4.5 我们可以看出，1998—2003 年，法定存款准备金率的下调并没有能够有效扩大信贷投放。1998—1999 年，法定存款准备金率连续下调，从 13%下降到 6%，下降幅度超过了 50%，并且该较低的存款准备金率一直保持到 2003 年三季度。虽然存款准备金率的大幅下调释放了大量的资金，但是该阶段商业银行在整体上出现了一定的"信贷萎缩"现象，我国宏观经济的增速也明显放缓。我们采纳了汪洋(2009)对此的解释，他认为 1998 年法定存款准备金率大幅下调后，四家国有银行释放了大量的超额准备金，这批资金被银行用于购买财政部发行的特别国债，财政部将筹集到的资金又注入国有银行，但是在资本金增加后，银行并没有相应地扩大贷款，而是用于归还了过去向中央银行借入的再贷款。所以，总的来说，该阶段法定存款准备金率的下调并没有促进信贷供给，而且由于信贷的增长不明显，造成了该阶段存款准备金率与信贷增加额之间形成了正相关的统计属性，这与货币当局的初衷是相违背的。

从 2004 年开始，存款准备金率与信贷增加额之间一直维持着负相关关系，并且在 2009 年以后，该影响系数的绝对值增大。我们认为按照货币理论，存款准备金率的调整能否对信贷供给产生影响的一个重要前提是:商业银行的超额准备金维持在一个相对较低的水平。我们统计了 2001 年以来金融结构超额准备金率的情况，如图 4.6 所示。由于中国人民银行在 2005 年之前一直对超额准备金支付较高的利息，尽管 2005 年 3 月 17 日已经大幅调低为 0.99%，但仍高于同期的活期存款利率，所以商业银行仍偏向于保持较高的超额准备金比率，在存在大量超额准备金的情况下，小幅提高法定存款准备金率对降低银行信贷投放的作用将明显弱化，卢庆杰(2007)、吴丽华(2008)均支持这一观点。所以尽管提高法定存款准备金能在一定程度上控制信贷投放，但更多的可能因为它是体现中央银行货币政策立场的一种强烈信号，其警示效果超过了资金的约束效果。这也就是为什么 2004—2008 年准备金的影响效力较弱的原因。但是，从 2001 年开始，除了 2006 年和 2008 年，金融机构的超额准备金率已经逐年下降，到 2010 年末已经降低为 2%，中资大型银行甚至已经降低为 0.9%。低水平的超额准备金率和央行信贷限额的重启，造成了 2009—2010 年法定存款准备金率效力的显著提高。

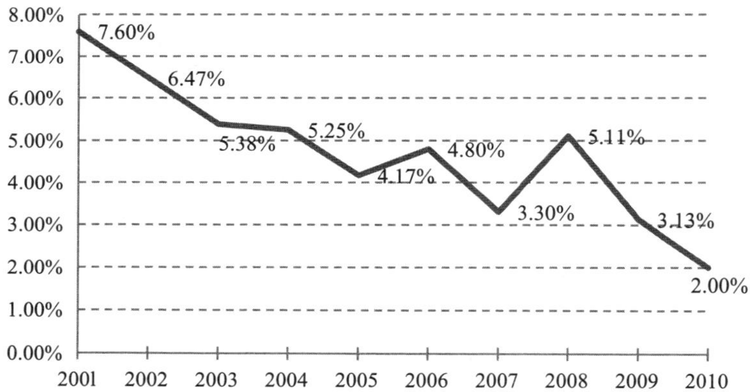

图 4.6　金融机构超额准备金率变化情况

资料来源：《中国人民银行货币政策执行报告》(2001—2010 年)

（二）公开市场业务

“公开市场业务可以区分为防护性和主动性两种形态。前者是指中央银行买卖证券，只是用于抵消那些非中央银行所能控制的、季节性或偶然性的因素。后者是指中央银行买卖证券，是为了积极改变银行准备金总水平，从而稳定社会经济。”①我们主要关心的是后一种形态，并且着重考虑其对信贷投放的影响。（见图 4.7）

① 摘自范从来等(2007)的《货币银行学》353 页。

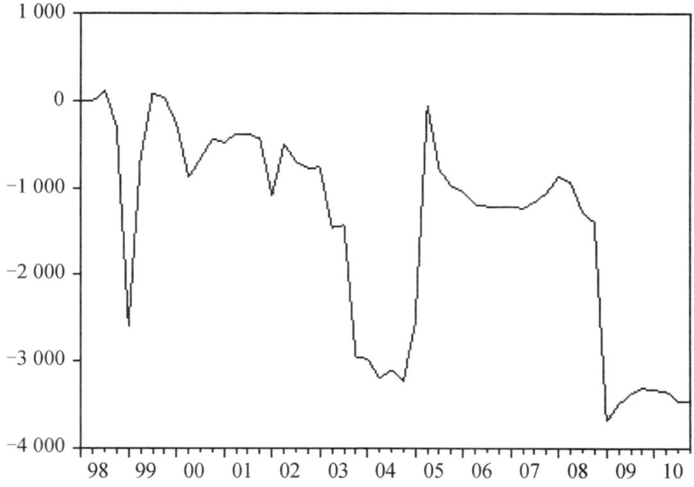

图 4.7　公开市场业务对信贷的影响

由图 4.7 可以看出，从 1998—2010 年，公开市场业务总是能够对信贷投放产生显著影响的，并且其作用的方向也是符合一般货币理论的，即公开市场的利率上涨会导致信贷供给的减少，但是不同阶段的影响效力却存在着较大波动。1998 年 5 月 26 日，中国人民银行恢复了以国债回购为主要形式的公开市场操作，公开市场操作成为日常货币管理的重要工具，也是货币当局注入流动性的主要力量之一（汪洋，2009；卢庆杰，2007）。1998—2000 年，银行间隔夜拆借加权平均利率从 8.5%左右降到 2.5%左右，公开市场操作对信贷投放产生了非常积极的影响，尽管该阶段整体市场规模较小，但是公开市场业务还是带来了大量的低成本资金，有效促进了信贷供给的增加。孙国锋（2003）、汪洋（2009）也均认为该时期基础货币总投放额中的大部分是通过公开市场业务投放的。

从 2000 年以后，银行间同业拆借加权平均利率基本保持在

1%～3%的区间波动，2000—2003 年，其对信贷投放的影响基本保持着一个相对平和的作用。孙国峰(2003)认为该阶段公开市场业务实际是收缩流动性，而不是注入流动性，而汪洋(2009)则认为 2000 年由于缺乏相应的数据支持，无法进行全面分析，2001 年公开市场业务注入了流动性，2002 年的年头和年尾注入流动性，而年中则处于回笼流动性。我们认为，正是因为该阶段经济环境的复杂性与公开市场业务操作的不成熟性，最终导致该时期公开市场业务操作的影响系数要小于其他大部分时期，所以该阶段的公开市场业务操作的效果也存在着争议。

2003—2005 年，公开市场对信贷投放产生了一个猛烈的影响。我们认为，其可能的原因是，2003 年 4 月 22 日起，中国人民银行开始通过发行中央银行票据加大基础货币的回笼力度，央行票据进入了操作工具箱，并且其规模快速上升，这对收缩流行性，控制信贷的过快增长起到了较大的作用。尽管公开市场的利率没有出现大幅变动，但是交易量的剧增，使得该阶段公开市场业务的作用得到明显增强。

2006—2008 年，公开市场业务操作对信贷的影响效力突然减弱。我们认为主要是因为在这一期间，股市异常红火，新股大量发行，而新股的网下申购采用非电子化的方式，申购资金只能进入承销商的账户，一般大盘新股的承销商只会提供五个大行(工商银行、农业银行、中国银行、建设银行和交通银行)的对应账户，却没有股份制银行的对应账户，这就造成了资金在银行间的短期大额流动。由于单个大盘新股申购期间冻结资金量在 1—3 万亿，如此大规模的资金冻结量对货币市场的资金头寸有较大的影响，特别是对 1 天、7 天和 14 天的拆借利率造成比较明显的影响，导致我们使用的银行间同业拆借加权平均利率在一定程度上失真，无法利用其来准确衡量该阶段公开市场业务的作用，也导致其对信贷投放的影响无法明显体现。

2008 年，我国启动新股网下发行电子化，该项措施有效缓解了新股发行期间资金大规模跨行流动的问题，但是 2008 年下半年新股暂停发行，直到 2009 年下半年新股发行才恢复，新股网下申购的改革措施也才得以真正体现。由于 2008 年下半年开始，新股申购不再对拆借利率造成影响，拆借利率能够反映出公开市场业务操作，所以，从统计上来看，其对信贷的影响又重新恢复到一个真实状态，即 2008—2010 年公开市场业务能够显著影响信贷投放，并且该阶段信贷规模控制阶段性的重启也增强了公开市场业务的效率。

（三）利率

自 1996 年我国利率市场化进程正式启动以来，中国人民银行一直致力于稳步推进利率市场化的改革，1998 年、1999 年人民银行连续三次扩大金融机构贷款利率浮动幅度。2003 年，党的十六大报告提出，稳步推进利率市场化改革，优化金融资源配置。2004 年 1 月 1 日，人民银行再次扩大金融机构贷款利率浮动区间；10 月 29 日，放开了商业银行贷款利率上限和存款利率的下限。① （见图 4.8）

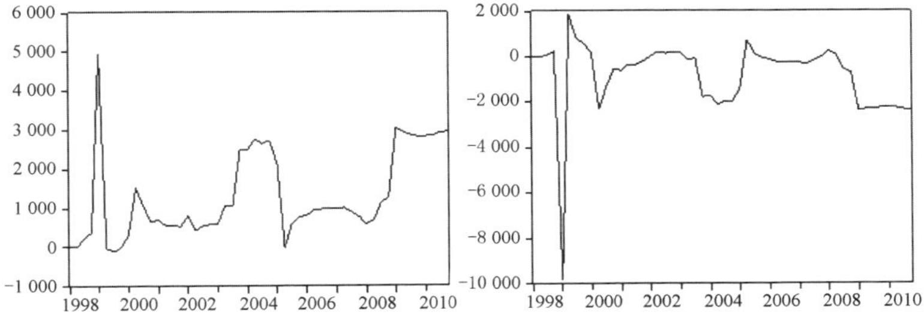

图 4.8　利率、利差对信贷的影响

① 根据中国人民银行网站相关资料整理。

从图4.8中，我们发现利率对信贷增长基本上起着正向的促进作用，但是我们也注意到2001—2004年和2006—2008年两个阶段，利率的实际效力出现了弱化，利差作为利率工具的一个衍生，也出现了相同的情况。我们认为，尽管中国整体上还是处于一个信贷资源稀缺的状态，但是不同阶段的信贷供需情况还是存在一些差异的。刘海英和何彬(2009)、史青青等(2010)对信贷市场供求的均衡状态进行识别，分析信贷市场在不同阶段处于贷款过度需求还是过度供给，他们基本认为2002—2004年，贷款供给大于贷款需求，信贷市场呈现出过度供给的状态。我们认为正是基于这样的背景，该阶段利率工具对信贷的作用要明显弱于其他阶段，需求不足的情况下，利率无法有效带动信贷的增长。而2006—2008年，尽管需求强劲，但是信贷利率对信贷供给的拉动作用却出现弱化，一方面由于前面我们所分析的，法定准备金率和公开市场操作导致该阶段信贷资金来源减少，约束了信贷投放；另一方面，大幅加息后，信贷配给的情况可能会加重，这也将一定程度上抑制信贷供给。以Stiglitz & Weiss(1981)为首的一批学者提出了信贷配给均衡模型，认为贷款供给曲线是非单调的、弯曲的，李文豪(2006)认为如果银行片面强调规模的重要性，则信贷配给的程度减轻，如果银行片面强调资产质量的重要性，则信贷配给程度加重。我们认为，从2006年开始，国有银行陆续上市成功，加强了风险管理，注重资产质量的经营行为极可能会导致该时段信贷配给的增强。

（四）结论性评述

总的来说，1998—2010年，法定存款准备金率对信贷增长的影响经历了一个由正向作用到负向作用的过程，随着超额准备金的大幅下降，该工具负向的效应逐步趋于稳定，并且我们相信由于金融机构的超额准备金率已经处在一个很低的水平，法定存款准备金率这一工具在未来的效力还将会得到显著增强。公开市场业务总是能够对信贷增长产生显著负向影响，而且随着交易量的提高与操作手段的成熟，该工具的地位或许将进一步巩固，成为央行调节信贷最重要的工具。在整体信贷资源依然偏紧的情况下，利率工具无法有效抑制信贷增长，因此现阶段仍无法将其作为信贷调节的有力工具。

值得一提的是，2008—2010 年，央行信贷规模控制对数量型工具和价格型工具的效力都产生了扩大影响，由于该措施带有很强的“行政性”意义，因此未来很可能会再次取消信贷规划，货币政策工具对信贷的实际影响作用也可能会有所减弱。

第四节　货币政策工具对信贷期限结构影响的分析

在第三章中，我们发现不同期限的贷款对宏观经济的影响效应是不同的，那么货币政策工具在调整信贷总量的时候，是否会对信贷期限结构产生影响呢？因此，在本章的实证分析部分，我们除了考察政策工具对总量的影响，还将检验其对信贷期限结构的作用。按照我们前期的理论分析，我们认为货币政策工具对信贷期限结构是没有影响的，即货币政策工具对短期贷款和中长期贷款的影响相似。

（一）针对短期贷款，我们建立如下模型

$DSHORTLOAN = f[DSHORTLOAN(-1)、DRESERVERATE、IBRATE、SHORTRATE(-1)、DSHORTRATE(-1)]$

DSHORTLOAN 代表短期贷款增量，其他变量的含义与之前相同。在进行回归分析时，模型(1)中纳入截距项，但是仅有同业拆借加权平均利率和短期贷款利差一阶滞后在 5%的水平上，对短期贷款新增产生影响，而且变量间存在一定的共线性问题。因此，我们去除截距项，使用模型(2)，相关结果见表 4.5。结果显示，除了法定存款准备金率和短期贷款利差对短期贷款新增的影响不显著外，其他货币政策工具对短期贷款的影响方向与之前我们分析总量时是一致的。

表 4.5　短期贷款的固定参数模型

被解释变量:短期贷款增加额		
解释变量	模型(1)	模型(2)
法定存款准备金率变动	−134.194 7 (431.553 7)	−226.858 8 (431.272 3)
同业拆借加权平均利率	−844.854 2* (419.721 30)	−852.538 7* (424.329 1)
短期贷款增加额一阶滞后	0.231 761 (0.145 180)	0.301 102* (0.138 166)
短期贷款利率一阶滞后	582.788 9 (554.672 4)	1 061.963* (444.090 9)
短期贷款利差一阶滞后	−2 173.357* (1 088.221)	−875.090 9 (591.250 3)
截距项	69.920 26 (49.426 64)	
调整后 R^2	0.134 091	0.115
LM 值 *F* 检验的概率值	0.600	0.134 9

注:括号中标注的为标准差,* 表示 10%水平显著,** 表示 5%水平显著,*** 表示 1%水平显著。

法定存款准备金率对短期贷款的影响不显著,我们认为可能是由于央行对利率和存款准备金率的调整几乎总是同步的,即法定存款准备金的提高常常伴随着利率的提高。在利率上升期,银行倾向于缩短贷款期限,增加短期贷款的投放,以获得利率提高过程中的收益,从而导致了法定存款准备金率对短期贷款的影响不显著;在降息的通道中也存在着类似的情况。但是,这与货币政策工具的本意应该是不符合的,目前也没有能够得到更多的验证,很可能是计量方法的原因造成结果的偏差。

（二）针对中长期贷款，我们建立与短期贷款类似的模型

DLONGLOAN＝*f*［*DLONGLOAN*（－1）、*DRESERVERATE*、*IBRATE*、*LONGRATE*（－1）、*DSHORTRATE*（－1）］

DLONGLOAN 代表中长期贷款增量，其他变量的含义与之前相同。在进行回归分析时，模型(3)中纳入截距项，但是 LM 检验显示该模型的残差存在自相关性，这会使得估计结果不准确，我们在模型(4)中剔除截距项，但是模型仍然存在自相关性，所以我们尝试在模型(5)中加入 *AR*(1)，以消除相关性。模型(5)的 *LM* 检验显示该模型不存在自相关性，自变量的系数估计是有效的，相关的结果见表 4.6。结果显示，货币政策工具对中长期贷款的影响方向与之前我们分析总量时是完全一致的。

表 4.6　中长期贷款的固定参数模型

被解释变量:中长期贷款增加额			
解释变量	模型(3)	模型(4)	模型(5)
法定存款准备金率变动	－585.770 4 (607.827 3)	－547.274 2 (603.763 2)	－996.634 0** (390.421 8)
同业拆借加权平均利率	－1 937.226*** (681.376 2)	－2 157.641*** (623.454 9)	－1 522.122*** (408.512 4)
中长期贷款增加额一阶滞后	0.598 122*** (0.111 849)	0.654 923*** (0.087 327)	0.804 132*** (0.058 289)
中长期贷款利率一阶滞后	1 016.006 (700.358 9)	1 482.891*** (403.903 4)	1 143.103*** (257.891 2)
中长期贷款利差一阶滞后	－1 909.930 (1 428.831)	－857.891 6 (618.627 4)	－834.739 5** (376.273 9)
截距项	57.018 30 (69.745 29)		
AR(1)			－0.546 005*** (0.136 511)

续 表

被解释变量:中长期贷款增加额			
调整后 R^2	0.713	0.715	0.776
LM 值 *F* 检验的概率值	0.004 5	0.001 7	0.283 1

注:括号中标注的为标准差,* 表示 10%水平显著,** 表示 5%水平显著,*** 表示 1%水平显著。

(三)信贷期限结构的固定参数模型

由于分别检验货币政策工具对短期贷款和中长期贷款影响时,两个独立的模型无法比较其影响的相对大小,所以我们同时建立了信贷期限结构(中长期贷款余额/短期贷款余额)作为因变量的固定参数模型,直接检验货币政策工具对信贷期限结构的作用。模型设定如下:

$$DLOANSTRUCTURE = f[DLOAN(-1)、DRESERVERATE、IBRATE、LONGRATE(-1)、DSHORTRATE(-1)]$$

DLOANSTRUCTURE 代表信贷期限结构(中长期贷款余额/短期贷款余额)的差分,其他变量的含义与之前相同。模型(6)和(7)的 *LM* 检验显示该模型不存在自相关,自变量的系数估计是有效的。结果表明,货币政策工具对贷款结构均没有显著影响,相关结果如表 4.7 所示,这也从另一个方面再次支持了我们之前的结论。

表 4.7 信贷期限结构的固定参数模型

被解释变量:信贷期限结构(中长期贷款余额/短期贷款余额)		
解释变量	模型(6)	模型(7)
法定存款准备金率变动	0.022 972 (0.664 340)	0.110 088 (0.646 546)
同业拆借加权平均利率	−0.626 267 (0.745 968)	−0.827 654 (0.674 455)

续　表

被解释变量:信贷期限结构(中长期贷款余额/短期贷款余额)		
贷款增加额一阶滞后	−0.088 409** (0.739 274)	0.295 029** (0.443 978)
中长期贷款利率一阶滞后	−0.298 877 (1.455 981)	0.541 002 (0.670 753)
中长期贷款利差一阶滞后	0.000 181 (8.01E−05)	0.000 209 (6.76E−05)
截距项	0.045 489 (0.069 868)	
调整后 R^2	0.196	0.207
LM 值 *F* 检验的概率值	0.905 6	0.863 8

注:括号中标注的为标准差,* 表示 10%水平显著,** 表示 5%水平显著,*** 表示 1%水平显著。

综上所述,总的来看,实证检验与我们之前的理论探讨部分是较为一致的,即货币政策工具主要是进行信贷总量控制,在信贷的期限结构方面却很难产生调节作用。

第五章　银行监管、信贷行为与货币政策效果

通过前面两章的研究，我们发现中国货币政策的信用渠道确实是真实存在的，货币政策通过改变银行的信贷供给量作用于宏观经济。随着国内商业银行改革的不断深入以及各类银行业政策制度的逐步完善，银行监管对商业银行的经营行为产生了越来越大的作用。因为商业银行在信用渠道中处于核心地位，所以银行监管对货币政策执行效果的影响近年来得到了不少学者的关注。我们认为如果想要分析银行监管对货币政策效果的影响，其本质是要搞清银行监管对商业银行信贷行为的调节作用。银行监管对银行的风险偏好、资产组合以及信贷供给都可能产生一定的影响，结合第四章的结论，本章将构建一个综合考虑商业银行经营活动和银行业监管的信贷决策模型，在货币政策对信贷行为的影响框架下，分析银行监管对信贷量及其结构产生的调节作用，以及银行监管对货币政策执行效果的影响，并探讨未来监管工具可能带来的改变。

第一节　银行监管与银行信贷关系的回顾

一、监管的定义

监管一词包括管制（Regulation）和监督（Supervision）两个方面。根据《新帕尔格雷夫经济学大辞典》的定义，监管是指“国家以经济管理的名义进行干预”，主要指基于监管的目标而制定

相关的法令、规章、政策、标准等。监督主要指持续监察和督促被监管者及其业务活动遵守这些法令、规章、政策、标准，监察其是否背离监管的目标，并对违反者进行惩罚[①]。

黄敏(2008)认为银行监管可以有广义和狭义，也可以分为宏观和微观。从广义来说，是指银行监管主体(政府监管当局、银行业自律组织、社会中介组织)对银行及与之相关的主体的监管。狭义的银行监管仅指银行监管当局对银行的监管。宏观上来说，银行监管是政府对银行业的干预，包括货币政策、信贷政策、最后贷款人职能、存款保险制度等。从微观上说，银行监管仅指对银行机构本身、其业务活动及其他银行交易参与者行为的管制与监督。陈静(2010)也提出监管的狭义和广义定义，并同时指出“银行监管作为现代市场经济和金融制度结构中的基本构成要素，是指官方监管当局、银行利益相关者及银行自身对于银行经营状况以及交易行为的监控、考察、评估及控制，以确保银行经营和交易活动稳健高效的一系列机制与行为。”[②]

《银行业监督管理法》(2006 年修正)中指出“为了加强对银行业的监督管理，规范监督管理行为，防范和化解银行业风险，保护存款人和其他客户的合法权益，促进银行业健康发展，制定本法”，并明确规定:“银行业监督管理的目标是促进银行业的合法、稳健运行，维护公众对银行业的信心。”银行监管是随着中央银行的确立而逐步发展起来的。从全球来看，大致分为四个阶段:自由银行时期(1694—1913 年);从自由走向全面管制时期(1914 年至 20 世纪 70 年代末);放松管制、金融自由化时期(20 世纪 80 年代初至 20 世纪 90 年代初);再监管时期(20 世纪 90 年代以来至今)。

---

① 摘自黄敏《银行监管制度研究——国际经验的借鉴》，2008 年，华东师范大学，第 8 页”

② 摘自“陈静，新巴塞尔协议框架下有效银行监管研究——兼论次贷危机的启示，2010，复旦大学，第 4 页”

本章所研究的银行业监管更侧重于微观的范畴，主要指货币当局和监管当局在商业银行经营活动中，对商业银行风险管理的控制和货币政策执行方面的约束，包括资本约束、法定存款准备金率、贷存比、不良贷款等方面的制度规定，这一系列的监管要求会对商业银行信贷行为产生重要影响，同时也将对货币政策的执行效果产生作用。

二、中国银行业监管现状

中国银行业监管体系的演变伴随着中国金融体制的变化而不断形成和完善。在监管手段上经历了以下几个阶段：第一阶段（1984—1992 年），行政管理监管阶段，该阶段主要是中国人民银行通过行政手段来管理银行领域；第二阶段（1993—1998 年），合规性监管阶段，该阶段公布了一系列金融法律法规，为金融监管提供了执法依据；第三阶段（1998—2003 年），风险监管阶段，中国人民银行的工作重点逐步转移到了以银行风险监管为核心的系统性监管上；第四阶段（2003 年至今），风险监管与合规监管并重的阶段。

本章主要关注第四阶段的银行业相关监管要求，2003 年 4 月 28 日，中国银行业监督管理委员会（简称“银监会”）正式挂牌履行职责。银监会的成立，改变了近 50 年中国人民银行宏观调控和银行监管合一的管理模式，增强了中央银行的独立性，有助于更好地发挥中央银行在宏观调控方面的作用。同时，银监会的成立，明确了银行、保险、证券分业监管的框架，使银行业的监管力度得到了大大加强。

银监会成立后，将全面降低不良资产作为监管工作的主要目标，实行信贷资产、非信贷资产和表外业务的全面监管，着力督促银行不良资产的余额和比率持续实现双降，建立并完善了不良资产考核制度。同时，督促商业银行根据风险变化情况，提高贷款五级分类的准确性，严格执行充足的拨备制度，足额提取各类损失准备，及时调整贷款质量形态，做实银行的利润，提供资本充足率。2004 年 3 月，银监会在借鉴巴塞尔协议Ⅰ和巴塞尔协议Ⅱ的基础上颁布实施了我国《商业银行资本充足率管理办法》，该办法给出了计算信用风险和市场风险的资本充足率方法，同时还制定了一些相关的制裁措施。

目前，中国银行业已经在资本充足率、贷存比等方面有了非常严格意义的监管要求，银行业的整体资产质量也大幅度提高，并且呈现逐年持续好转的趋势，监管要求的规范和相关处罚措施的执行到位都对商业银行的信贷供给行为产生了深远影响。2011 年，银监会为配合巴塞尔协议Ⅲ在中国的落地，对贷款拨备率、拨备覆盖率、杠杆率等方面也进行了明确的规定，这将进一步增强银行体系的稳健性。

三、银行监管对商业银行信贷行为的影响

自从巴塞尔协议Ⅰ和Ⅱ相继被引入，银行业监管问题得到了理论界和实务界的普遍重视，除了监管制度和工具的改进外，银行业的监管可能会对商业银行信贷决策行为造成何种影响成了一个热门话题，国内外学者们对此进行了广泛而深入的研究。

（一）资本充足率对银行信贷供给的影响

关于银行监管对银行信贷影响的现有文献中，针对资本监管的研究成果最为丰富。陈龙腾和何建勇(2010)概括指出，目前研究资本监管与银行行为之间的关系的相关文献大致可以分为两大类：一类是研究最低资本充足率要求对银行微观行为的影响，例如资产组合选择、信贷配给、道德风险等(VanHoose，2007)；另一类主要是通过研究资本监管对银行资产负债表的影响，分析资本约束是否导致信贷紧缩、银行体系顺周期性、经济波动和货币政策有效性等宏观方面的命题(VanHoose，2008)。

本章主要侧重于从微观角度来研究资本监管对信贷供给的影响。总的来说，国外学者们普遍认为资本监管对银行贷款量具

有负效应。Bernanke 等(1991)的研究表明银行资本比例的下降确实会带来信贷增长的放缓。Blum & Hellwig (1995) 指出,银行的资本水平将影响银行贷款的增长。Peek & Rosengren (1995)指出,银行资本下降以及资本监管的约束导致了银行信贷萎缩,信贷萎缩是资本萎缩的一个可能结果。Thakor (1996) 的研究表明, 监管部门对资本充足率的要求恶化了信贷配给,从而减少了贷款总量。Cavallo & Majnoni(2001)的研究则认为资本充足率约束会妨碍银行的信贷供给。Diamond & Rajan (2000)、Chami & Cosimano(2001)及 Tanaka (2002 ,2003) 等学者的研究也表明,资本约束在短期会产生显著的信贷收缩现象。也有少数学者提出了不一致的观点,Keely & Furlong(1990)以 1981—1986 年美国和若干西方国家的银行数据进行了实证分析,认为资本约束会导致银行信用规模与风险偏好变化的观点缺乏检验支撑。Hovakimian & Kane (2000)认为 1985—1994 年期间资本充足性约束对美国银行风险偏好没有显著影响,Rime(2001)以瑞士银行的数据进行研究也得出了类似结论。

国内学者也从数理和实证的角度分析了资本约束对商业银行信贷行为的影响。黄宪等(2005)认为资本充足率的监管将使得银行在贷款选择中降低风险偏好,同时作为银行整体行为调整的效应,它将会导致银行信用紧缩。刘斌(2005) 认为受到最低资本充足率的约束,信贷收缩的现象将会出现。如果银行追加资本满足了最低资本要求,但是不加强对资本的有效管理,那么虽然信贷扩张暂时不受到资本约束的限制,今后仍然可能会受到资本约束的限制。郭友和莫倩(2006) 认为在提高资本充足率的过程中,银行体系一般会提高债券等低风险资产的比重,从而降低对实体经济的贷款供给。戴金平等(2008)指出当商业银行的资本充足率不高时,以资本金监管为核心的风险监管行为强化了货币政策的非对称效应;当商业银行的资本充足率很高时,银行监管可能出现“顺风向”运行特点。陈龙腾和何建勇

(2010)的研究表明在资本松约束情形下，短期内外生贷款需求增加时，银行为了追求利润最大化，最优贷款量将持续增加，而随着信贷投放量的增加，银行将面临束紧的资本约束，此时银行最优的信贷投放量存在上限。但是，温信祥(2006)认为中国虽然颁布了资本充足率监管规定，但是在过渡期内无法实施严格的监管，因此未发现银行的信贷供给行为受到资本充足率的显著影响。徐明东等(2009)发现股份制银行和国有银行对资本约束的信贷行为反应存在差异，股份制银行资本约束的信贷行为反应敏感性比国有银行更高，资本越充足的股份制银行其信贷扩张行为越明显。

（二）资产质量对信贷供给的影响

专门研究资产质量对信贷供给影响的文献相对较少，主要是关于不良贷款拨备和不良贷款率方面的。Chiesa(2001)、Diamond & Rajan(2006)指出贷款损失给银行资产负债状况带来压力，使得银行信贷数量降低。Nier & Zicchino(2008)通过实证发现，贷款损失会减少银行的信贷规模。Beatty & Liao(2009)研究发现贷款损失拨备是顺周期的，和贷款损失时序上更弱相关的拨备，会造成更大幅度的信贷萎缩。侯荣华等(2010)概括指出如果贷款损失拨备充足，贷款损失可以得到有力的补偿，那么，由贷款损失而引致的信贷萎缩就会减弱。白鹤祥(2010)认为贷款损失准备金的增长率与贷款增长率之间呈现反向变化。

郭友和莫倩(2006)认为不良贷款率限制了贷款的投放，银行通过扩大贷款供给来降低不良贷款的机制即使存在，也不会处于主导地位。徐明东等(2009)发现银行前期不良贷款率越高，银行贷款增长率则显著越低。白鹤祥(2010)指出，为了稀释不良贷款，降低不良贷款率，银行有提高总贷款余额的冲动，并且更愿意做大中长期贷款份额。

第二节　商业银行信贷供给行为的模型分析

以第四章的结论为基础，在货币政策中，利率对信贷供给并无显著影响，而法定存款准备金率、公开市场业务将对商业银行信贷行为产生重要影响，其中公开市场操作不属于对银行的监管约束，而法定存款准备金率虽然是货币政策的工具，但其本质上应该也属于一项银行监管指标，是具有硬性要求的，为了能够更全面地考察监管因素的影响，在理论模型的分析中也将其纳入银行监管的一种。在本节我们将主要关注与银行业监管相关的政策（包括资本充足率、贷存比、法定存款准备金率、不良贷款率、不良贷款拨备率等）和中国的银行业市场结构对银行信贷供给决策的影响。

一、模型设定

与第四章分析货币政策工具的调控作用时一致，我们仍然从银行的资产负债表出发，但是本节我们侧重于考察资本约束等监管因素的影响，因此假设条件做出一些改变，银行的资本金不再设为零，同时不考虑同业拆借资金的影响，因此，银行的资产负债表设定为：

$$G_j+L_j+R_j=D_j+E_j \tag{1}$$

其中，G_j 为银行持有的债券，L_j 为银行的贷款供给，R_j 为银行缴纳的存款准备金，D_j 为银行吸纳的存款，E_j 为银行自身拥有的资本金。

李伟和韩立岩（2008）、黄隽和汤珂（2008）均认为中国银行业处于垄断竞争的格局，而且随着市场化改革的推进，竞争压力呈现上升趋势；胡莹和仲伟周（2010）在中国情境下的银行业模型假定也是基于垄断竞争的。因此，我们假设在垄断竞争的市场结构下，贷款市场中存在 N 个银行（记作 $j=1,2,3\cdots N$），相互之间存在着竞争。借鉴 Baglioni(2007)、胡莹和仲伟周(2010)的做法,并对贷款的成本函数进行了较大调整,最终设定第 j 个银行的贷款供给函数如下:

$$L_j=\alpha-\beta(r_j-r_A)-c_j \tag{2}$$

其中,L_j 表示第 j 个银行的贷款供给数量,r_j 表示第 j 个银行贷款供给的平均利率,r_A 为中央银行规定的贷款基准利率,c_j 为银行贷款的运营管理成本,包括了为满足不良贷款率、贷款拨备率等方面的监管要求而带来的资金运营成本,以及商业银行在违反监管条例的要求时,受到处罚后造成的损失,例如违反了资本充足率的要求、贷存比的要求等。α、β 为正的系数,同时为保证贷款为正,需满足 $\alpha>c_j$。

由于 Baglioni(2007)、胡莹和仲伟周(2010)的模型中仅仅考察了存款利率所带来的成本,却没有考虑到贷款供给的营销管理成本和债券的管理成本,而 Kopecky & VanHoose(2004a)的模型中虽然考虑到了相关成本,却没有结合分析银行业的结构问题,我们尝试将两者结合起来。参考 Kopecky & VanHoose(2004a)的做法,同时为了简化对模型的计算处理,我们假设银行自有资本金(E_j)的机会成本、存款准备金(R_j)的利率、存款(D_j)的利率以及相应的管理成本为零,放松此假设并不会改变最终得到的结论。

我们设定 r_G 为债券投资的收益,并且从实际情况来看,$r_G<r_A$。银行在对资产进行投资管理时会产生一定的管理成本,g_j 表示债券投资管理的成本,由于债券投资需要专业的金融知识,而且在资金操作数量较大时,会降低平均成本,这两者都具有一定的规模效应,使得债券投资管理的成本具有二次型的形式。f_j 表示贷款的营销管理成本,包括银行自身战略发展的定位、寻找和识别客户的能力、专业信贷知识的储备和运用等,随着贷款供给量的提高,也存在着相关成本的规模效应,因此可以假定贷款的营销管理成本具有二次型的形式。

所以，当假设银行的贷款供给等于贷款需求时，最终的利润函数如下：

$$\Pi = r_j L_j + r_G G_j - \left(\frac{g_j}{2}\right) G_j^2 - \left(\frac{f_j}{2}\right) L_j^2 \tag{3}$$

由于银行贷款供给的平均利率(r_j)决定了贷款供给的数量(L_j)，同时贷款供给的数量(L_j)也会反向作用于最终贷款供给的平均利率(r_j)，因此我们可以对(2)式进行转换，求得，

$$r_j = \left(\frac{\alpha - L_j - c_j}{\beta} + r_A\right) \tag{4}$$

将(4)式带入(3)式，则银行的利润函数可以化简如下：

$$\Pi = \left(\frac{\alpha - L_j - c_j}{\beta} + r_A\right) L_j + r_G G_j - \left(\frac{g_j}{2}\right) G_j^2 - \left(\frac{f_j}{2}\right) L_j^2 \tag{5}$$

由于商业银行在日常经营管理中会受到货币政策和监管政策的相应约束，除了与贷款运营管理成本相关的资产质量外，我们还重点关注资本充足率、贷存比和法定存款准备金率的影响。

设定 k 为资本充足率，按照国际清算银行下的巴塞尔银行监理委员会制定的巴塞尔协议，商业银行必须满足资本充足率的约束，因此，其发放贷款的能力可能会受到限制，监管部门的要求如下：

$$E \geqslant k L_j \tag{6}$$

设定 w 为贷存比，1995 年颁布的《中华人民共和国商业银行法》中规定，贷款余额与存款余额的比例不得超过 75%，因此各家银行必须满足监管部门的要求如下：

$$\frac{L_j}{D_j} \leqslant w \tag{7}$$

设定 ρ 为法定存款准备金率，金融机构按规定向中央银行缴纳的存款准备金占其存款总额的比例就是法定存款准备金率。2008 年 9 月以来中央银行对大型金融机构和中小型金融机构实行了差别存款准备金率，但是我们在本书的分析中对所有银行仍

使用一样的准备金率要求，因此各家银行必须满足中央银行的要求如下：

$$\frac{R_j}{D_j} \geqslant \rho \tag{8}$$

二、模型分析

情形一：商业银行在资本充足率（$\boldsymbol{k}$）、贷存比（$\boldsymbol{w}$）和法定存款准备金（$\boldsymbol{\rho}$）方面均满足相关的监管要求。

因此，我们主要考察作为贷款的运营管理成本（c_j）、贷款的营销管理成本（f_j），债券的投资管理成本（g_j）以及债券投资的收益（r_G）、中央银行规定的贷款基准利率（r_A）对贷款供给（L_j）和债券持有（G_j）的影响。

在满足（1）式的条件下，为使得（4）式表示的银行利润最大化，商业银行在日常经营中必须选择最优的贷款供给（L_j）和债券持有（G_j），λ 为拉格朗日乘子，求解如下：

$$\frac{\partial \Pi}{\partial L_j} = \frac{\alpha - c_j}{\beta} + r_A - \frac{2L_j}{\beta} - f_j L_j + \lambda = 0$$

$$\frac{\partial \Pi}{\partial G_j} = r_G - g_j G_j + \lambda = 0$$

联合（1）式，解得：

$$L_j = -\frac{-\alpha + c_j - \beta D_j g_j - \beta E_j g_j + \beta g_j R_j - \beta r_A + \beta r_G}{2 + \beta f_j + \beta g_j}$$

$$G_j = -\frac{\alpha - c_j - 2D_j - 2E_j - \beta D_j f_j - \beta E_j f_j + 2R_j + \beta f_j R_j + \beta r_A - \beta r_G}{2 + \beta f_j + \beta g_j}$$

第一，考察贷款的运营管理成本（c_j）对贷款供给（L_j）和债券持有（G_j）的影响：

$$\frac{\partial L_j}{\partial c_j} = -\frac{1}{2 + \beta f_j + \beta g_j} < 0$$

$$\frac{\partial G_j}{\partial c_j} = \frac{1}{2 + \beta f_j + \beta g_j} > 0$$

可以看出，贷款的运营管理成本(c_j)对贷款供给(L_j)将产生负向影响，而对债券持有(G_j)产生正向的影响。例如，如果监管机构要求进一步降低不良贷款率，提高贷款拨备率，并强化相关的监管执行力度，甚至在特定时期采取有针对性的处罚措施，则意味着资产质量越差，相应的贷款运营管理成本(c_j)可能越高，从而会降低商业银行投放贷款的积极性，并提高债券(G_j)的持有量。

第二，考察贷款的营销管理成本(f_j)对贷款供给(L_j)和债券持有(G_j)的影响：

$$\frac{\partial L_j}{\partial f_j}=-\frac{\beta(\alpha-c_j+\beta(D_jg_j+E_jg_j-g_jR_j+r_A-r_G))}{(2+\beta(f_j+g_j))^2}$$

$$\frac{\partial G_j}{\partial f_j}=\frac{\beta(\alpha-c_j+\beta(D_jg_j+E_jg_j-g_jR_j+r_A-r_G))}{(2+\beta(f_j+g_j))^2}$$

因为，$D_j>R_j, r_A>r_G$

所以，$\beta(D_jg_j+E_jg_j-g_jR_j+r_A-r_G)>0$，

同时，由于 $\alpha>c_j$，

因此 $\alpha-c_j+\beta(D_jg_j+E_jg_j-g_jR_j+r_A-r_G)>0$，

从而 $\frac{\partial L_j}{\partial f_j}<0, \frac{\partial G_j}{\partial f_j}>0$。

可以看出，贷款的营销管理成本(f_j)对贷款供给(L_j)将产生负向影响，而对债券持有(G_j)产生正向的影响。我们以某一个行业为例，如果商业银行对该领域非常了解，对相关信贷审批、贷后管理的专业知识和案例积累越多，则相应的风险掌握能力越强，那么投放贷款的成本也就越低；如果银行将重点战略定位于该行业，那么在积累了一定的客户数量以后，客户拓展和维护的营销成本也将由于规模效应而降低。因此，综合而言，营销管理成本的降低将使得银行在该行业的信贷投放量增加。如果从单个行业扩展到全领域，随着营销管理成本的降低，银行的贷款供给(L_j)在资产组合中将会提高，相应的债券持有量(G_j)将会减少。

第三，考察债券的投资管理成本(g_j)对贷款供给(L_j)和债券持有(G_j)的影响：

$$\frac{\partial L_j}{\partial g_j}=\frac{\beta(-\alpha+c_j+2D_j+2E_j+\beta D_j f_j+\beta E_j f_j-2R_j-\beta f_j R_j-\beta r_A+\beta r_G}{(2+\beta(f_j+g_j))^2}$$

$$\frac{\partial G_j}{\partial g_j}=\frac{\beta(\alpha-c_j-2D_j-2E_j-\beta D_j f_j-\beta E_j f_j+2R_j+\beta f_j R_j+\beta r_A-\beta r_G}{(2+\beta f_j+\beta g_j)^2}$$

可以看出，我们难以判断$\frac{\partial L_j}{\partial g_j}$和$\frac{\partial G_j}{\partial g_j}$的符号，因此债券投资管理成本($g_j$)对贷款供给($L_j$)和债券持有($G_j$)的影响方向是不明确的。我们认为，这主要是因为相对于贷款管理相关的成本来说，债券投资的成本是比较低的，所以当其发生变化时，对贷款供给量和债券持有量的组合决策影响不大，很难判断其作用的方向。

第四，考察债券收益率(r_g)、中央银行贷款基准利率(r_A)对贷款供给(L_j)和债券持有量(G_j)的影响：

$$\frac{\partial L_j}{\partial r_g}=\frac{-\beta}{2+\beta f_j+\beta g_j}<0$$

$$\frac{\partial G_j}{\partial r_g}=\frac{\beta}{2+\beta f_j+\beta g_j}>0$$

$$\frac{\partial L_j}{\partial r_A}=\frac{\beta}{2+\beta f_j+\beta g_j}>0$$

$$\frac{\partial G_j}{\partial r_A}=\frac{-\beta}{2+\beta f_j+\beta g_j}<0$$

可以看出，随着债券收益率(g_j)的提高，贷款供给(L_j)将减少，而债券的持有量(G_j)将会提高，这与现实情况也是较为一致的。一般认为，银行持有的债券大部分属于低风险的投资，甚至有时可以作为流动性的一种替代。如果这种低风险收益持续提高，那么在信贷风险没有显著降低的情况下，银行在权衡风险收益后，很可能会加大对债券的投资，同时退出一些高风险的信贷项目，减少总的贷款供给量。

按照我们的理论模型分析，随着中央银行贷款基准利率(r_A)的提高，贷款供给(L_j)将增加，而债券持有量(G_j)将会减少，这与中央银行调控信贷的初衷是相反的，但是与我们上一章实证检验的结论却是类似的。即在货币政策紧缩时期，基准利率的提高对于压缩总的贷款供给是无效的，依靠提高利率这样的手段来抑制信贷投放，从理论上来说也是不合理的。一方面，在紧缩货币政策时，基准利率的提高，使得银行平均定价与基准利率之间的差额减少了，从我们的模型假定中，可以清楚看出其无法有效压降信贷需求，甚至会刺激需求；另一方面，利率的提高增加了银行投放贷款的积极性，同时可能的利差减少也使得银行必须投放更多贷款来达到原先的利润目标。

情形二：银行在资本充足率(k)方面受到约束，我们主要考察资本充足率对贷款供给(L_j)和债券(G_j)的影响。

将(6)式带入(1)、(5)式，则得

$$G_j+E_j/k+R_j=D_j+E_j$$

$$\Pi=\left(\frac{\alpha-\frac{E_j}{k}-c_j}{\beta}+r_A\right)\left(\frac{E_j}{k}\right)+r_G G_j-\left(\frac{g_j}{2}\right)G_j^2-\left(\frac{f_j}{2}\right)(E_j/k)^2$$

在资本充足率的约束下，按照情形一的做法，我们对(5)式求利润最大化，

$$(\alpha-c_j)/\beta+r_A-2(E_j/k)/\beta-f_j(E_j/k)+\lambda=0$$

$$r_G-g_j G_J+\lambda=0$$

解得贷款供给(L_j)和债券(G_j)的最佳持有量如下：

$$L_j=-\frac{(\alpha-c_j+\beta D_j g_j-\beta g_j R_j+\beta r_A-\beta r_G)}{-2-\beta g_j-\beta f_j+\beta g_j k}$$

$$G_j=-\frac{\alpha-c_j+2D_j+\beta D_j f_j+\alpha k-c_j k-2R_j-\beta f_j R_j-\beta r_A+\beta k r_A+\beta r_G-\beta k r_G}{-2-\beta g_j-\beta f_j+\beta g_j k}$$

考察资本充足率(k)对贷款供给(L_j)和债券持有量(G_j)的影响：

$$\frac{\partial L_j}{\partial k}=-\frac{\beta g_j(\alpha-c_j+\beta(D_jg_j-g_jR_j+r_A-r_G))}{(2+\beta(f_j+g_j-g_jk))^2}$$

$$\frac{\partial G_j}{\partial k}=-\frac{(2+\beta f_j)(\alpha-c_j+\beta(D_jg_j-g_jR_j+r_A-r_G))}{(2+\beta(f_j+g_j-g_jk))^2}$$

因为，$D_j>R_j, r_A>r_G$

所以，$(D_jg_j-g_jR_j+r_A-r_G)>0$，

同时，由于 $\alpha>c_j$，

因此 $\alpha-c_j+\beta(D_jg_j-g_jR_j+r_A-r_G)>0$，

从而 $\frac{\partial L_j}{\partial k}<0, \frac{\partial G_j}{\partial k}<0$。

当资本充足率（k）形成了实际约束的时候，其对贷款供给（L_j）和债券持有（G_j）均会产生负向的影响。资本充足率是银行资本总额与加权平均风险资产的比值，反映了商业银行在存款人和债权人的资产遭到损失之前，该银行能以自有资本承担损失的程度，在自有资本一定的情况下，银行在风险资产方面的投资总量是有上限的。一般来讲，贷款的风险权重要高于债券投资的风险权重。在资本金不增加的情况下，银行如果要提高总风险投资额，只能将贷款投放转化为债券投资，但是如果银行已经在贷款供给和债券持有之间选择了比较合适的比例，则资本充足率的约束将会导致银行在这两方面的投资总量均出现下降。

情形三：银行在贷存比（w）方面受到约束，我们主要考察贷存比（w）约束对贷款供给（L_j）和债券（G_j）的影响。

将(7)式带入(1)、(5)式，则得

$$G_j+D_jw+R_j=D_j+E_j$$

$$\Pi=\left(\frac{\alpha-D_jw-c_j}{\beta}+r_A\right)(D_jw)+r_GG_j-\left(\frac{g_j}{2}\right)G_j^2-\left(\frac{f_j}{2}\right)(E_j/k)^2$$

在贷存比（w）的约束下，按照情形一的做法，我们求解银行利润最大化，

$$\alpha-\frac{c_j}{\beta}+r_A-2*D_j*\frac{w}{\beta}-f_j*D_j*w+\lambda=0$$

$$r_G - g_j * G_j + \lambda = 0$$

解得贷款供给(L_j)和债券(G_j)的最佳持有量如下：

$$L_j = \frac{(-\alpha + c_j - \beta E_j g_j + \beta g_j R_j - \beta r_A + \beta r_G) * W}{-\beta g_j + 2w + \beta f_j w + \beta g_j w}$$

$$G_j = -\frac{\left(\frac{\alpha - c_j}{\beta} + r_A - r_G\right)(-1+W) - (-E_j + R_j)\left(-\frac{2w}{\beta} - f_j w\right)}{g_j(-1+w) + \frac{2w}{\beta} + f_j w}$$

考察贷存比(w)对贷款供给(L_j)和债券持有量(G_j)的影响：

$$\frac{\partial L_j}{\partial w} = -\frac{\beta g_j(\alpha - c_j + \beta(E_j g_j - g_j R_j + r_A - r_G))}{(2w + \beta(g_j(-1+w) + f_j w))^2}$$

$$\frac{\partial G_j}{\partial w} = -\frac{(2 + \beta f_j)(\alpha - c_j + \beta(E_j g_j - g_j R_j + r_A - r_G))}{(2w + \beta(g_j(-1+w) + f_j w))^2}$$

根据现实中商业银行的资产负债表及附注说明，我们发现在一般情况下，E_j远小于R_j，即$E_j \ll R_j$，同时，尽管$\alpha - c_j > 0$，$r_A - r_G > 0$，但相关变量的值相对于E_j和R_j来说，都是比较小的，因此，可以认为$\beta g_j(\alpha - c_j + \beta(E_j g_j - g_j R_j + r_A - r_G)) < 0$。

所以，最终得到$\frac{\partial L_j}{\partial w} > 0$和$\frac{\partial G_j}{\partial w} > 0$。

可以看出，在贷存比(w)存在约束时，提高贷存比(w)的值将会促进贷款供给(L_j)和债券持有(G_j)。从监管要求上看，贷存比是贷款余额与存款余额的比例，在存款一定的情况下，对贷款的上限是有严格约束的。在存款无法实现增加的时候，如果银行仍然有剩余的资金，银行可以将剩余资金投资于债券市场。而如果此时监管机构提高贷存比的约束值，则银行可以将剩余资金继续用于贷款的投放，增加整体的信贷供给。

情形四：银行在法定存款准备金($\boldsymbol{\rho}$)方面受到约束，我们主要考察法定存款准备金率对贷款供给($\boldsymbol{L_j}$)和债券($\boldsymbol{G_j}$)的影响。

将(8)式带入(1)，则得$G_j + L_j + \rho D_j = D_j + E_j$

在此约束下，按照情形一的做法，我们对(5)式求利润最

大化，

$$\frac{\alpha - c_j}{\beta} + r_A - \frac{2L_j}{\beta} - f_j L_j + \lambda = 0$$

$$r_G - g_j G_j + \lambda = 0$$

解得贷款供给(L_j)和债券(G_j)的最佳持有量如下：

$$L_j = -\frac{-\alpha + c - \beta D_j g_j - \beta E_j g_j + \beta D_j g_j \rho - \beta r_A + \beta r_G}{2 + \beta f_j + \beta g_j}$$

$$G_j = -\frac{\alpha - c - 2D_j - 2E_j - \beta D_j f_j - \beta E_j f_j + 2D_j \rho + \beta D_j f_j \rho + \beta r_A - \beta r_G}{2 + \beta f_j + \beta g_j}$$

考察法定存款准备金率(ρ)对贷款供给(L_j)和债券持有量(G_j)的影响：

$$\frac{\partial L_j}{\partial \rho} = -\frac{\beta D_j g_j}{2 + \beta f_j + \beta g_j} < 0$$

$$\frac{\partial G_j}{\partial \rho} = -\frac{2D_j + \beta D_j f_j}{2 + \beta f_j + \beta g_j} < 0$$

可以看出，在法定存款准备金率(ρ)形成了实际约束的时候，其对贷款供给(L_j)和债券持有(G_j)均产生负向的影响，即当银行不存在超额准备金时，随着法定存款准备金率的上升，将使得银行可用于进行资产组合的资金量减少，从而在贷款供给和债券投资方面均出现减少。在上一章，我们发现，在经过央行多次上调法定存款准备金率的情况下，2010 年末时中资大型银行的超额准备金率已经降低为 0.9%，并且仍然呈现下降趋势，法定存款准备金率未来对银行信贷供给的约束效力也越来越强。这也再次说明了我们的研究假设和结论是基本符合现实情况的。

第三节　银行监管对信贷期限结构及货币政策效果的影响

一、银行监管对信贷期限结构的可能影响

现有的文献中，专门针对信贷期限结构的研究可谓凤毛麟

角，白鹤祥(2010)认为由于资本充足率的约束、压降不良贷款的要求以及拨备覆盖率的计提方式，金融监管会提高中长期贷款的在总贷款中的比例；同时，货币政策适度从紧后，短期贷款容易缩，中长期贷款难缩，因此总量收缩时会首先减少短期贷款，长期贷款在紧缩期内却会继续增长，对紧缩货币政策造成冲击。整体而言，相对于宽松的货币政策，紧缩的货币政策可能与金融监管更为协调一些。虽然我们的模型设定中没有对信贷的期限结构进行区分研究，即没有考察相关监管因素对短期贷款和中长期贷款的影响，但是我们仍然可以依靠模型中的结论和分析思路，来规范性探索贷款的运营管理成本、营销管理成本、资本充足率、贷存比、法定存款准备金率对信贷期限结构的可能影响。

1. 运营管理成本(不良贷款率因素)、营销管理成本的约束将增加中长期贷款的占比。

当商业银行违反不良贷款率、贷款拨备覆盖率等要求时，将受到相应处罚，增加银行的运营管理成本，同时，如果拨备率过高，也会增加银行的资本运用成本，损害银行的当期利润。所以，银行将会倾向于选择风险较低的大客户进行交易，从而在满足最低要求的前提下，可以计提相对较低的贷款拨备。一般而言，在银行的实际经营中，为低风险大客户提供的贷款是偏重于中长期化的。另外，从收益的角度来看，各家银行可以对中长期贷款一次性收取较高的财务顾问费，直接转化为当期收益，因而中长期贷款的整体综合收益要高于短期贷款。商业银行在进行客户营销时，由于绩效考核和精力投入的限制，为了能够达到效用的最大化，倾向于选择中长期的贷款。因此，综合来看，我们认为贷款的运营管理成本、营销管理成本的约束将会增加中长期贷款在总贷款中的比重。

2. 资本充足率的约束要求将增加中长期贷款的占比。

2004年6月，巴塞尔银行监管委员会发布了巴塞尔协议Ⅱ的最终稿，赵锡军和王胜邦(2006)指出，巴塞尔新资本协议将导致商业银行从公司业务转向零售业，并且公司贷款会向低风险客户集中。从近几年的实际情况来看，全金融机构贷款中，零售贷款的比重逐步增大，尤其是中长期住房按揭贷款的部分，商业银行的信贷期限结构确实出现了改变。巴塞尔协议Ⅱ对各类资产规定了不同的风险权重，并引入了信用评级的概念，不同类型贷款的风险权重各不相同，因此对贷款组合的调整逐步造成了影响。由于巴塞尔协议Ⅱ中将个人住房抵押贷款的风险权重由50%下降到45%，在全国房地产市场火热的大环境下，商业银行一方面顺应了市场的需求，另一方面也为满足节约经济资本的要求，提高资本充足率，大幅增加了个人中长期贷款的投放力度，这客观上推动了中长期贷款在总信贷供给中的比重。巴塞尔协议Ⅱ在计算加权风险资产时，将贷款的资本要求与其面临风险的大小紧密联系在一起，对低风险的贷款给予较低的风险权重，同时对高风险贷款给予了惩罚性的风险权重，促使商业银行贷款也偏好于向低风险贷款倾斜。短期贷款和中长期贷款投放的用途存在着显著差异，一般来说，中长期贷款主要是项目开发贷款，一般会要求借款人提供固定资产抵押，而短期贷款则主要用于经营周转活动，提供抵押物的比例会相对较少，这导致了两类贷款最后的风险系数出现不同，短期贷款的风险系数整体上可能会高于中长期贷款，进而使得最终计算的加权风险资产存在一定的差别。从这个角度来说，在风险可控的情况下，商业银行倾向于投放中长期贷款。因此，我们可以认为资本充足率的约束将增加中长期贷款在总贷款中的比重。

3. 贷存比、法定存款准备金率对信贷期限结构没有显著的影响。

我们认为，贷存比和法定存款准备金率的监管，无论直接作用还是间接影响，都未对风险权重进行有效区分，短期贷款和中长期贷款在计算相关指标时没有显著的差别，所以贷存比和法定存款准备金率对信贷供给的影响更多是总量上的，在期限结构上可能是没有显著影响的。由于法定存款准备金率也属于货币政策工具，因此，这与我们上一章认为的货币政策工具对信贷期限结构没有显著影响也是一致的。尽管白鹤祥(2010)认为相对于短期贷款，中长期贷款由于项目建设周期较长，已审批的项目短期难以压缩，不得不继续发生，但是也没有指出贷存比、法定存款准备金率会对信贷期限产生影响。

二、银行监管对货币政策执行效果的影响

基于前期的理论分析，我们可以看出商业银行经营贷款的成本、监管政策、货币政策均会对贷款的供给产生影响，每一项都会对货币政策的执行效果造成影响，不同阶段的"短板"可能会不同，从而将造成货币政策的偏差，这对货币政策和监管政策的配合提出了更高的要求。

（一）银行监管指标的情况概述①

自2003年银监会成立以来，随着商业银行的市场化改革，金融制度的不断完善，我国银行业在风险管理方面发生了翻天覆地的变化。2003年，商业银行整体拨备覆盖率仅为19.7%，但截至2010年底，商业银行整体拨备覆盖率水平已经达到217.7%，风险抵补能力大大提高，其中，大型商业银行整体拨备覆盖率达到206.8%，股份制商业银行整体拨备覆盖率达到277.6%。2003年，商业银行不良贷款余额21 045亿元，不良贷款率为17.09%，截至2010年，不良贷款余额降为4 336亿元，不良贷款率仅为1.1%，资产质量持续改善。不良贷款率和拨备覆盖率的变化情况见图5.1。

2003年，商业银行整体加权平均资本充足率为－2.98%，2004年转为正值，2005年为4.91%，2010年底提升为12.16%。近两年，在面对国际金融危机冲击、资本质量要求提高和信贷投放大幅增加的情况下，商业银行资本充足率依然保持了2008年

① 整理自《中国银行业监督管理委员会2010年报》。

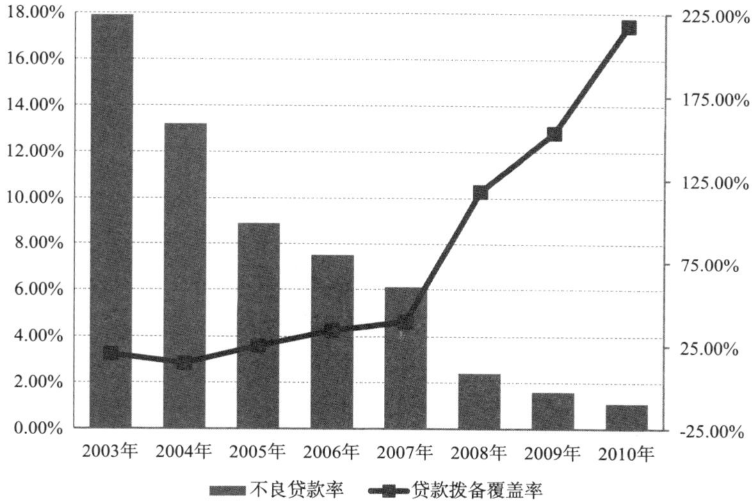

图 5.1　不良贷款率和拨备覆盖率的变化情况

底的水平。自 2008 年开始,所有商业银行的资本充足率均能够达标,达标银行的数量也从 2003 年的 8 家增加到 2010 年底的全部 281 家,详见图 5.2。

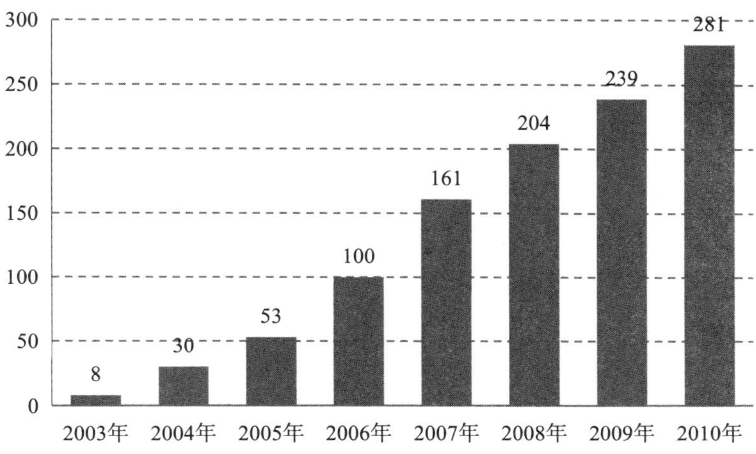

图 5.2　资本充足率达标情况

2003年,商业银行平均贷存比为77.04%,从2004年开始,降到监管要求的75%以下,并一直维持在规定要求以下。2005—2010年,贷存比保持着小幅波动,除2008年外,基本处于69%左右,相关变化情况见图5.3。

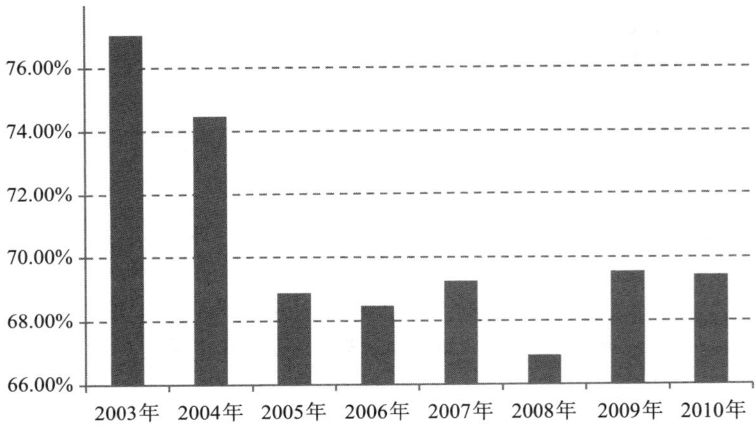

图5.3　贷存比变化情况

(二) 不良贷款率、营销管理成本对货币政策执行效果的影响

从指标上来看,不良贷款率和拨备覆盖率的要求不再成为商业银行的约束,如果继续保持下去商业银行应该不会在资产质量监管方面受到处罚。但是,银监会目前出台的各项贷款准备金计提政策,在计提依据、范围、比例和税收待遇等方面仍然存在很多矛盾和差异,无法为银行业在计提贷款拨备方面提供合理规范的指导。货币政策紧缩时期,宏观经济的发展一般较为繁荣,商业银行倾向于认为授信风险偏小,资产质量较好,为了持续压降不良贷款率,可能会继续大量投放贷款;而在货币政策宽松时期,银行认为授信风险偏大,则会严控新增贷款的发放。另外,在货币紧缩时期,授信资源紧缺,银行拓展业务的营销难度下降,相关管理成本下降,银行愿意加大信贷供给力度,而货币宽松时期,银行

的营销难度上升，相应的管理成本上升，银行反而无法加大投放数量。综上分析，贷款运营管理成本、营销管理成本以及与之相关监管指标会加大商业银行顺周期的经营行为，削弱货币政策的逆周期效果。

（三）资本充足率、贷存比对货币政策执行效果的影响

温信祥(2006)认为当银行资本水平满足监管要求时，信贷供给主要受到准备金管理的影响，当银行准备金水平满足央行要求时，信贷供给主要受到资本充足率的约束。2004 年 2 月 23 日，中国银监会结合我国国情公布了第 2 号令《商业银行资本充足率管理办法》，管理办法以巴塞尔协议为基础。尽管颁布了相关的监管文件，但是初期并没有完全严格实施相关的商业银行资本监管，商业银行全面严格实施资本监管后，资本充足率监管对信贷供给的影响将会逐步显现。未来将进一步实行的巴塞尔协议Ⅲ中，对资本充足率的计算又提出了最新的要求，也设定了更高的比例值。在货币政策紧缩时期，由于整体经济形势良好，风险资产的权重相对较低，银行容易满足资本充足率的要求，会倾向于多投放贷款；而在货币政策扩张时期，经济过冷，贷款类的风险资产的权重相对较高，银行的资本充足率容易出现下降，这会导致其倾向于减少贷款投放的力度。因此，我们可以认为资本充足率也是加大了银行的顺周期经营，这与许多学者的研究结论也是相似的，削弱货币政策逆周期作用。

贷存比对货币政策效果的作用主要是体现在货币政策扩张时期，当银行的贷款增幅持续超过存款增幅，逐渐达到了 75％的监管规定，如果此时经济出现下滑，中央银行采取放松货币政策的措施，试图刺激信贷供给，商业银行则会由于贷存比的约束，导致“无贷可放”，从而对货币政策的效果产生影响。

（四）货币政策与监管政策的配合问题

一般认为，货币政策只着眼于宏观层面，银行监管则着眼于微观层面。白鹤祥(2010)认为我国现行的金融监管与货币政策操作存在着动态上的一致与冲突，监管活动会对货币政策的传导造成影响。刘斌(2005)认为从长期来看，中央银行的准备金管理目标与监管当局的资本充足率监管目标将逐步一致起来。

我们认为，银行监管应当可以与货币政策结合起来，达到目标上的一致性。在货币政策扩张时期，可以通过放松资本充足率、降低贷存比来配合扩张政策，但是因为加入巴塞尔委员会后，资本充足率等监管政策必须符合相关规定。因此无法轻易实现相关要求的放宽，但是仍然可以通过放松银行的再融资来解决资本约束的问题。另外，对于不良贷款率、贷款拨备率等非国际化要求的监管政策，在逆周期调控时，监管当局应该对相关规定进行适当调整。中央银行还可以调整金融机构一般存款的范围，从而改变准备金的缴纳基数，进一步调节商业银行的可贷资金。

我们在对商业银行设定各项审慎的监管指标(资本金充足率、贷款拨备覆盖率、贷存比、法定存款准备金率等)时，除最低要求外，可以适当尊重各类银行的具体差异情况，进行区别对待，避免使用整齐划一的标准，从而尽量做到既能够帮助银行规避风险，又同时减轻对某些货币政策效应的影响，例如，现有的对大型金融机构和中小型机构实行有区别的法定存款准备金率。

第四节　未来监管工具的影响

巴塞尔协议是巴塞尔委员会制定的银行监管规则，已经颁布了 1988 年的巴塞尔协议Ⅰ、2004 年巴塞尔协议Ⅱ，2010 年 12 月 16 日，巴塞尔委员会又发布了《第三版巴塞尔协议》(巴塞尔协议Ⅲ)，并要求各成员经济体两年内完成相应监管法规的制定和修订工作，2013 年 1 月 1 日开始实施新监管标准，2019 年 1 月 1 日前全面达标。在 2008 年金融危机背景下出台的国际银行监管框架，意味着全球银行业监管又将进入一个新的时代。中国银监会借鉴国际金融监管改革成果，结合目前国内银行业现状，引入重要监管工具，以引导国内银行顺应国际监管新规，推动国内银行体系持续健康发展。

一、"巴塞尔协议Ⅲ中国版"引入

2008 年金融危机在全球的爆发，迫使全球金融监管当局对当前的监管框架进行了反思，尤其是系统风险的防范问题。这些反思和争议直接推动了"巴塞尔协议Ⅲ"的迅速出台。这次新协议的改革主要集中在以下方面：一是资本监管要求，包括资本的重新定义、资本留存缓冲、逆周期资本缓冲和杠杆比率；二是流动性监管要求，主要是推出了一些流动性监管的工具。

2007 年 2 月，中国银行会发布了《中国银行业实施新巴塞尔协议指导意见》，提出国内大型商业银行 2010 年底开始实施内部评级法；针对"巴塞尔协议Ⅲ"的逐步推进，2011 年 4 月 27 日中国银监会又印发我国银行业监管框架文本，即《中国银监会关于中国银行业实施新监管标准的指导意见》(银监发〔2011〕44 号)，根据银监会发文内容，中国版巴塞尔协议Ⅲ主要提高了银行业审慎监管标准，其中包括：资本监管指标、杠杆率、拨备率和流动性要求四大监管指标，强调了对系统重要性银行的监督，同时也对新资本协议的推动工作提出了新的要求。具体要求如表 5.1 和表 5.2 所示。

表 5.1　资本要求

项目	最低资本要求			超额资本	系统重要性银行附加资本	逆周期资本	达标时间
	核心一级资本	一级资本	总资本				
系统重要性银行	5%	6%	8%	2.5%	1%	0—2.5%	2012 年 1 月 1 日开始执行，2013年底达标。
非系统重要性银行	5%	6%	8%	2.5%	无	0—2.5%	2012 年 1 月 1 日开始执行，2016年底达标。

表 5.2 杠杆率、拨备率和流动性要求

项目	内容	水平	过渡期安排	达标时间
杠杆率	核心资本/总资产(含表外)	4%	2012 年 1 月 1 日开始执行	系统重要性银行(2013 年底);非系统重要性银行(2016 年底)。
拨备率	拨备/信贷余额	2.5%	2012 年 1 月 1 日开始实施	系统重要性银行(2013 年底);非系统重要性银行(2016 年底,个别 2018 年底)。
	拨备覆盖率	150%		
流动性指标	LCR	100%	2011 年开始实施	2013 年底达标。
	NFSR	100%	2011 年开始实施	2016 年底达标。

中国银监会设定的资本监管指标高于巴塞尔协议Ⅲ的标准,提高监管标准的同时,也改进对资本充足率计算方法,明确了银行金融机构流动风险的审慎监管要求,要求银行建立动态调整贷款损失准备制度等,从制度上强化对资本的监管。银监会也明确了系统重要性银行的定义,将建立对系统重要性银行的评估方法论和持续评估框架,增加系统重要性银行的附加资本要求,暂定为 1%。维持现行银行体系与资本市场、银行与控股股东、银行与附属机构之间的防火墙,防止风险跨境、跨业传染,并持续强化、提高对系统重要性银行审慎监管要求。

二、未来监管工具对中国银行业的可能影响

巴塞尔协议Ⅲ的监管力度较大,决定了它对银行业的影响很可能要远远超过巴塞尔协议Ⅰ和Ⅱ,它的实施将会使得银行业在组织结构、业务模式、核心产品和市场等方面出现较大的改变。不过,巴塞尔协议Ⅲ对发达国家和我国银行业产生的影响不同,前者是解决过度发展的问题,即约束其放弃高风险的、复杂的创新金融产品,回归到银行基础业务;后者则是要解决发展不足的

问题，中国银行业必须在现有基础业务之上探索科学、合理的创新，增加低资本占用、高收益的中间业务，降低对贷款业务的过度依赖，实现资本节约和盈利增长。

（一）新监管指标的达标情况

在经历了2009年9.6万亿元、2010年7.95万亿元的信贷投放后，2011年前三个月银行业新增信贷规模为2.24万亿，仍处于较高水平。为应对信贷规模快速扩张带来的资本金压力，2010年全年五大国有银行通过A+H上市配股、发行债等方式补充资本4 200亿元。针对银监会提出的核心资本和总资本充足率指标，目前国内银行业已基本可达标。根据银监会最新公布数据，在2010年融资后，五大国有商业银行平均资本充足率超过12%，股份制银行平均资本充足率超过11%。

至于新协议的其他监管指标，如杠杆率、缓冲资本和流动性指标等，从目前看对我国银行业的影响不大。监管机构对杠杆率提出的4%的要求，也高于巴塞尔协议Ⅲ的3%的杠杆水平。系统重要性银行要求在2013年年底达标，非系统重要性银行可推迟至2016年底。从目前国内情况来看，大中型银行杠杆率水平达到4%，小型银行大约在3.5%左右，受影响不大。此外，拨备率和流动性指标的完成时间均比巴塞尔协议Ⅲ的实施期限提前。

（二）新监管要求对中国银行业信贷行为的影响预测

对照巴塞尔协议Ⅲ达标时间表，国内银行业尚有比较充裕的准备时间，那么新兴的监管工具未来可能会对中国银行业的信贷经营行为产生怎样的影响呢，部分国内学者进行了一些理论性的探讨。

陆静（2011）认为，在短期内，中国银行业的一级资本缺口并不大，因此仍然可以像过去一样继续为实体经济提供融资；但是我国商业银行近年来资产和负债的平均增长率约为25%，从长期来看中国银行业缺口很大，还应继续补充额外的资本。钟伟和谢婷（2011）认为，如果中国的银行监管要求随着新协议明显提高，严格的资本计提和杠杆率要求，将大大抑制商业银行的信贷扩张；缓冲资本和流动性指标可能会导致银行信贷融资占全社会融资的比重缓缓下降，增加货币政策调控和银行监管的难度。宋琴和郑振龙(2011)认为四大监管工具(资本充足率、杠杆率、贷款拨备率和流动性)的实施与管理，有利于提高银行风险厌恶程度，降低破产概率，提高银行绩效。

虽然表明来看，短期内国内银行业在大部分监管指标上基本能够满足巴塞尔协议Ⅲ的定性要求，但是由于巴塞尔协议Ⅲ在银行资本监管的核心和导向上发生了转变，因此对商业银行信贷行为的影响应该是长远的。

目前，商业银行都是亲经济周期的，特别在经济上行期，对逆周期监管一般会比较抵触。在经济上行期，银行竞相扩大信贷投放规模、降低准入标准、抢占市场份额，银行业利润普遍丰厚。如果逆向操作，提高贷款条件和定价标准，往往会导致市场份额缩减、利润对比同业下降。未来主动适应逆周期监管将是商业银行保障自身业务可持续增长的核心所在，我们认为可能会对商业银行的信贷资产组合产生如下影响。

(1) 逆周期的要求可能会导致商业银行适时调整长短期资产结构。在经济快速增长时期，特别是在已经持续很长时间的高速增长、市场泡沫已明显产生的情况下，商业银行可通过调整长短期信贷资产投放结构，即减少长期资产投放占比，避免过度承担风险，保障长期资产质量；同时适当增加短期资产投放，以维持市场份额和资产盈利。长短期资产结构的适时调整还有利于在经济过热阶段提高银行资产的流动性，以应对经济危机中出现的流动性蒸发。

(2) 合理调配非周期性行业的授信占比。现在，很多银行已对信贷投向采取组合管理、限额管理方式。但是，目前还主要集中在对热点行业的限额管控，目的是缓解行业集中度风险，一般仅局限于受宏观调控政策影响大的行业。行业覆盖面窄、未考虑不同行业之间的关联度、没有针对亲周期性和非周期行业的组合管理。在经济上行期逐年调增对非周期性行业的信贷限额占比，反之经济下行期逐年调增对亲周期性行业的占比，一方面有利于银行加强自身抵御经济周期波动带来的系统性风险；另一方面也有益于适应监管部门设定的动态拨备率指标要求。

（3）流动性管理指标的测算亦会影响信贷资产及期限结构。新监管工具中的流行性指标包括了短期流动性覆盖率（LCR）和长期净稳定资金链（NSFR），在 LCR 的计算中，虽然中国银行业零售存款占比较大，但是在缺少存款保险机制的情况下，该类存款可能会被归为欠稳定存款，为了达到该要求，银行可能被迫增加更多流行性资产（现金、债券等），从而减少信贷资产的持有。在 NSFR 方面，中国银行业的中长期贷款占比不断提高以及贷存比呈现出的上升趋势，都将使得 NSFR 指标的达标压力增大，由于中国缺乏具有高度流动性和深度的金融市场，会妨碍资产变现程度，因此未来国内商业银行可能因为流动性达标的压力而缩减中长期贷款，调整贷款的期限结构。

第六章　银行监管与信贷行为的实证研究

上一章我们根据已有的研究，假定中国银行业的市场结构为垄断竞争，并建立了商业银行的信贷决策模型，在此基础上分析了银行监管对信贷量及其结构的影响。改革开放以后，中国银行业经历了翻天覆地的变化，2003 年随着国有银行开始股份制改造，国内商业银行之间的相互竞争也愈来愈激烈。为进一步了解中国银行业的市场结构，本章我们将首先对中国银行业近八年的竞争度进行测量，从而检验现实中的市场结构属于何种类型，发生过怎样的变化。然后，以第五章的数理模型为基准，建立回归计量模型，利用 2003—2010 年的面板数据对银行信贷供给的影响因素进行实证分析，主要关注银行业监管指标对信贷量及期限结构的作用，从而检验第五章理论模型的结论是否与实际情况相符。

第一节　中国银行业的发展及竞争测度

一、中国银行业的发展变迁

1978 年改革开放以来，中国的银行业经历了从中国人民银行"大一统"的格局，到四大国有专业银行的高度垄断，再到国有独资专业银行的商业化改革，最后形成众多股份制商业银行并存发展的过程，整体市场结构不断演变，竞争程度也逐步加强。以 1995 年正式颁布实施的《中华人民共和国中国人民银行法》和《中华人民共和国商业银行法》为转折点，整个银行业改革发展步入法制轨道。参考王红（2005）、黄隽和汤珂（2008）、刘明康（2009）

等的概括，我们对1995年以后中国银行业的发展变迁情况总结如下。

（一）1995—2003年：银行法的颁布，开创了商业银行的新时代。

1994年，四大国有商业银行的政策性业务被正式剥离，《中华人民共和国商业银行法》明确了国有商业银行要“自主经营、自担风险、自负盈亏、自我约束”，至此，四大国有商业银行开始向更具商业功能的银行转变，为市场化的竞争格局奠定了基础。这一阶段的改革主要集中在处置不良资产，提升管理水平，逐步建立经营绩效和风险内控机制等方面。1998年，财政部用30年长期特别国债共向工商银行、中国农业银行、中国银行、中国建设银行注资2 700亿元，用以补充四大国有商业银行的资本金。1999年，财政部又以全额拨款的形式，相继成立了华融、东方、信达、长城四家金融资产管理公司，将四家国有商业银行的1.4万亿元不良资产予以剥离。另外，从1996年开始，地方性的城市商业银行陆续成立，对地方经济的发展起到了良好的推动作用。2001年，中国正式加入世界贸易组织，并承诺经过五年的缓冲期后，将全面开放中国金融市场。

（二）2003年至今：银行业监管职能正式从中央银行独立出来，完成了对国有银行的股份制改造，市场竞争程度进一步加强。

2003年3月，中国银行业监督管理委员会正式成立，开始履行独立的监管职责，推进了银行业的监管理念、制度和技术创新，使得银行业整体面貌发生了历史性改变，也引领我国银行业实现了跨越性发展。2003年底，中国银行、建设银行作为试点进行了股份制改造，一系列银行业改革方案高频率陆续出台，实现了体制机制上的根本性突破，国有银行的股份制改造和上市成为了主旋律。2005年以来，国有商业银行在全球市场上引进海外战略投资者，掀起了中国本土银行的融资热潮，其目的不是仅仅为了筹资，更是促进国有银行在经营理念、产品创新、公司治理、风险管理等方面的变化，使其成为真正的市场主体，也力争将其改造成具有国际竞争力的现代商业银行。2006 年底，在加入世贸组织的五年过渡期结束后，我国向外资银行开放人民币零售业务，全面兑现加入世贸组织的承诺。这些改革开放的措施，一步步将我国的银行业引向了市场化、多元化竞争经营的新阶段。

截至 2010 年底，我国银行业的资产总额达到 95.3 万亿元，负债总额 89.5 万亿元，所有者权益 5.8 万亿元，资产规模是银监会成立前(截至 2002 年底)的 4 倍，是“十五”末期(截至 2005 年底)的 2.5 倍，按资产规模计算的市场份额结构逐步优化。2010 年，我国银行业金融机构共有法人机构 3 769 家，营业网点 19.6 万个，从业人员 299.1 万人，银行业金融机构各项存款余额 73.3 万亿元，包括政策性银行及国家开发银行 3 家，大型商业银行 5 家，股份制商业银行 12 家，城市商业银行 147 家，另外，还有农村商业银行、农村合作银行、村镇银行、农村信用社、邮政储蓄银行、外资法人银行等各类金融机构，已经形成了以大型商业银行为主导，多种类型银行业金融机构共同发展的多层次银行体系。在对外开放方面，截至 2010 年底，45 个国家和地区的 185 家银行在华设立 216 家代表处，同时，44 家外国银行分行、35 家外资法人银行获准经营人民币业务，56 家外资银行获准从事金融衍生产品交易业务。从全球市场来看，按照市值计算，工商银行、建设银行和中国银行已经基本稳居于全球最大市值银行的前十位。①

二、中国银行业市场结构的竞争度测量

正如我们所回顾的，近十多年内，中国银行业发生了日新月异的改革变化，特别是在商业银行开始股份制改造和银监会正式成立以来，银行业的竞争程度呈现出上升趋势。如果要进一步检验影响银行信贷行为的监管因素，按照第五章的理论基础，必须

① 摘录整理自《中国银行业监督管理委员会 2010 年报》。

首先搞清楚中国银行业究竟处于什么样的市场状况，经历过怎样的变化历程。因此我们将对银行业的市场结构进行全面度量，并将相关的测量结果作为后续实证分析的有效变量之一。

（一）银行业市场结构的度量方法

银行业市场结构是指银行业市场中各银行之间在数量、资产规模、存贷款份额、产品收入等方面的比例关系以及由此决定的竞争形式。按照产业组织理论，根据市场竞争程度的高低，市场结构一般可划分为完全竞争型、垄断竞争型、寡头垄断型和完全垄断型。因此，对商业银行的市场竞争程度进行测定是描述银行业市场结构的一种较为常见的方法。

对竞争程度的测度主要有两种方法：结构的方法和非结构的方法。结构法下对市场结构的度量主要是基于 SCP 和 ES 范式①，通过相关指标反映行业市场的外在结构特征，从而间接反映市场竞争程度，集中度比率（简称 CRn）和赫芬达尔—赫希曼指数（简称 HHI）是最常用的指标，结构法缺乏微观经济理论基础，存在着明显的缺陷。随着新实证产业组织研究方法的发展，非结构的方法从新的视角来测量市场竞争度，主要有包括：Bresnahan & Lau 模型，简称为 BL 模型（Bresnahan，1982；Lau，1982）；Panzar & Rosse 模型，简称 PR 模型（Panzar & Rosse，1987）。非结构法没有直接运用市场结构的信息，而是通过估计背离程度来计算，弥补了结构法下对竞争测度的不足。由于 PR 模型在中国情景下的适用性②，国内学者在测算中国银行业市场竞争程度时，大多数

---

① SCP 是指哈佛学派提出的市场结构（Structure）—市场行为（Conduct）—市场绩效（Performance）的因果关系框架；ES 是指芝加哥学派提出的有效结构（Efficient Structure）理论。

② PR 模型是建立在以下假设的基础上的。（1）银行在长期均衡的环境中运作；（2）银行的成本结构是同质的，符合柯布—道格拉斯生产函数；（3）银行的行为受到其他银行行为的影响（除非在完全垄断的环境中。摘自黄隽、汤珂，《商业银行竞争、效率及其关系研究——以韩国、中国台湾和中国大陆为例》，中国社会科学，2008（01）。

采用了 PR 模型[黄隽和汤珂(2008),李伟和韩立岩(2008)等]。因此,我们拟采用 PR 模型来度量中国银行业市场结构的变革历程。

参考黄隽和汤珂(2008)、李伟和韩立岩(2008)的总结,用 R 表示银行收入,W 表示投入要素的价格向量,Z 表示使银行收入函数移动的其他外生变量,则银行的收入函数可表示为 $R=R(W,Z)$,当边际成本等于边际收入时,银行实现利润最大化,PR 模型将银行收入与投入要素价格的变动弹性之和定义为 H 统计值,则 H 统计值可表示为 $H=\sum\frac{\partial R^{*}W_i}{\partial W_i R^{*}}$,用其来衡量市场的竞争程度。$H$ 的不同取值反映了不同的市场竞争程度,具体含义如表 6.1 所示,也就是说,H 值越大,竞争越激烈。

表 6.1　*H* 统计值的含义

$H\leqslant 0$	完全垄断市场,需求大于供给的市场,或短期寡头垄断市场
$0<H<1$	垄断竞争的、可自由竞争的市场
$H=1$	完全竞争的市场

借鉴 Molyneux 等(1994)、Claeesens & leaven(2003)、Yeyati & Micco(2007)的研究,我们构造中国银行业的收入函数如下:

$$\ln(IA_{it})=\alpha_i+h_1\ln(ID_{it})+h_2\ln(FA_{it})+h_3\ln(NIA_{it})+h_4\ln(EA_{it})+h_5\ln(LA_{it})+\varepsilon_{it} \tag{1}$$

其中,$t=1,\cdots\cdots,T$,表示年份;$i=1,\cdots\cdots,n$,表示银行数量;IA 表示总收入与总资产的比值,ID 表示利息支出与总存款的比值,FA 表示管理费用与总资产的比值,NIA 表示非利息支出与平均资产的比值,EA 表示所有者权益与总资产的比值,LA 表示贷款与总资产的比值;ln 代表自然对数,α 和 h 为待估的参数,ε 表示随机误差项,下标 i 和 t 指的是在 t 时间 i 银行的情况;则 H 统计值 $H=h_1+h_2+h_3$。

（二）中国银行业市场竞争程度的变化情况

由于本章主要关注银行监管所带来的影响，也为了与后续实证研究的样本期间保持一致，我们拟选择 2003 年至 2010 年的银行年度数据，测算整个银行业的竞争程度变化。在综合考虑各家银行的市场份额和业务经营特点，兼顾数据的可得性后，最终选取了四家国有商业银行和十家股份制商业银行①作为测算的对象，这十四家商业银行的贷款和资产占银行业总贷款和资产的比例超过了 80%，完全能够代表整个银行业的发展状况。

我们将十四家商业银行的相关数据代入银行的收入方程(1)，对样本期内每年的数据进行横截面的回归，分别得到各年的 H 统计值，最终的计算结果如表 6.2 所示。

表 6.2　2003—2010 年中国银行业竞争程度的回归结果

	2003		2004		2005		2006	
变量	系数	T 值	系数	T 值	系数	T 值	系数	T 值
LNID	0.81*	2.96	−0.21	0.20	0.09	0.06	−0.16	−0.54
LNFA	−2.68**	−4.58	−2.41	−1.95	−0.90	−0.49	−1.95**	−2.55
LNNIA	−1.14***	−2.16	1.76	1.37	1.01	0.33	3.80*	2.38
H 值	−3.02		−0.85		0.20		1.69	
	2007		2008		2009		2010	
变量	系数	T 值	系数	T 值	系数	T 值	系数	T 值
LNID	0.20	1.07	−0.14	−1.27	−0.06	−0.42	−0.08	−0.74
LNFA	0.57	1.06	0.12	1.18	1.15**	2.57	0.26	0.65
LNNIA	0.55	0.72	0.08	0.32	−0.08	−1.68	0.21	0.48
H 值	1.31		0.06		1.01		0.38	

注：*、**、*** 分别表示在 10%、5%、1%水平显著。

① 我们选取的银行样本为：四家国有商业银行（工商银行、中国银行、中国农业银行、中国建设银行）；十家股份制商业银行（交通银行、招商银行、民生银行、兴业银行、中信银行、华夏银行、广发银行、光大银行、深发展和浦发银行）

由于我们每年可用于回归的样本数量有限，部分年度的回归结果中一些变量的系数不显著。但是考虑到 PR 模型是度量市场竞争性的一个成熟模型，并且已经广泛应用于各国银行业市场的竞争性度量，同时借鉴黄隽和汤珂(2008)、李伟和韩立岩(2008)等在进行相关研究时的处理方法，即使某一变量的 t 统计量不是很理想，只要模型总体上通过了检验，在统计上是有意义的，就不应该将其删除。

从表 6.2，我们可以看出，*H* 统计值的分布从－3.02 到 1.31，这与理论值的区间分布有所不同，但是考虑到单年度回归样本的有限性，部分回归结果在统计上不显著，每年 H 值的绝对数值可能并不完全准确，但在统一的标准下，是可以反映现实发展趋势的。我们的测算结果显示中国银行业基本处于垄断竞争的格局，竞争程度虽然存在着波动，但是整体上越来越激烈，具体情况如图 6.1 所示，这一整体变化趋势与先前国内学者的计算结果也基本是保持一致的[①]。值得一提的是，2008 年以来中国银行业的竞

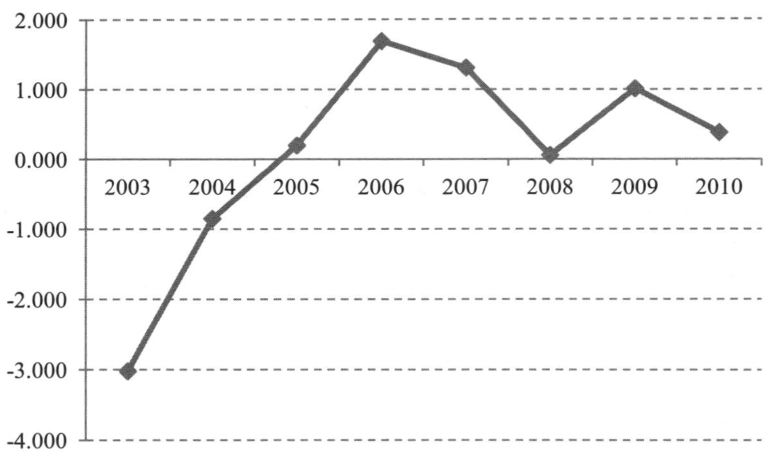

图 6.1　2003—2010 年中国银行业竞争度变化趋势图

① 由于在样本选取和银行收入函数的设定上与其他一些国内学者有所不同，最后得出的各年度 H 统计值与现有的一些研究成果存在一定的差别。

争度出现了一次相对比较明显的减弱，主要原因可能是全球金融危机发生后，整个银行业贷款规模大幅度提升而带来了银行业收入的提高，从而使得投入要素价格的变动对银行收入的影响减弱，因此造成了我们测度的银行业竞争程度下降。

整体而言，可以认为我们对中国银行业竞争度的测量基本正确，能够使用该数据表示竞争程度的变化情况。

第二节　银行监管对信贷总量影响的实证检验

通过上一节对中国银行业市场结构的测度，我们证实了2003—2010年间，中国的银行业处于垄断竞争的状态，这支持了我们在第五章理论模型中的前提假设。在此基础上，我们将以第五章的理论模型分析为基准，重点实证检验银行监管对银行信贷供给的影响。与上一章一致，我们认为法定存款准备金率在某种程度上也属于一种监管手段，因此将其与资本充足率、贷存比、资产质量一并纳入银行监管的范畴，统一进行检验。

一、模型设定及估计方法的选择

（一）模型的设定

以第五章的模型为基础，我们构建实证分析的初始模型如下：

$$LOAN_{i,t}=\alpha LOAN_{i,t-1}+\beta_1 RR_{i,t}+\beta_2 REG_{i,t}+\beta_3 LD_{i,t}+\beta_4 NPL_{i,t}+\beta_5 RNPL_{i,t}+\beta_6 FEE_{i,t}+\beta_7 H_{i,t}+\nu_i+\mu_{i,t} \quad (1)$$

其中，ν_i代表银行间个体差异而产生的影响，$\mu_{i,t}$表示一般误差项。假设$\nu_i \sim iid(0,\sigma_\nu^2)$，$\mu_{i,t} \sim iid(0,\sigma_\mu^2)$，并且$\nu_i$和$\mu_{i,t}$相互独立，$\mu_{i,t}$不存在序列相关。

模型中的变量选择描述如下。

（1）被解释变量为各家银行的贷款余额（$LOAN_{i,t}$）

（2）与第四章类似，考虑到贷款的投放存在一定的延续性，贷款投放存在着路径依赖，我们将上一期的贷款余额($LOAN_{i,t-1}$)作为一项影响因素，也利用其涵盖其他一些未知的信息，与各项监管指标一起构成计量模型的解释变量。

(3) 银行业监管的指标主要包括法定存款准备金率($RR_{i,t}$)、资本充足率($REG_{i,t}$)、贷存比($LD_{i,t}$)、不良贷款率($NPL_{i,t}$)、不良贷款拨备覆盖率($RNPL_{i,t}$)。

(4) 银行的经营行为方面，我们主要考虑贷款投放的营销管理成本。在各家银行年报中的利润损益表中，通常有“营业费用”或“业务及管理费用”之类的科目，包括员工费用、业务费用、折旧和摊销等，由于目前商业银行的主要业务及利润依然来源于贷款业务，因此我们认为营业费用主要产生于信贷的发放，即我们可以用“营业费用”近似替代贷款发放时产生的运营和营销管理成本。所以，银行的信贷经营行为采用营业费用($FEE_{i,t}$)这项指标进行计算。

(5) 对银行业市场结构的测量，我们主要采用上一节银行业竞争程度的测度值(H_t)。

(二) 资本监管压力的识别

在考察资本充足率对信贷供给影响时，其本质是考察当资本充足率无法满足监管要求时，资本约束对商业银行在信贷投放造成的影响，因此，我们首先必须衡量资本监管的压力。现有的相关研究中采用了一些不同的方式来识别资本约束带来的压力。参考陈学彬等(2009)的归纳，我们在后续的实证分析中，拟分别采用简单虚拟变量法和缺口量方法来识别各家商业银行实际面临的资本约束。

1. 简单虚拟变量法

Shrieves & Dahl (1992)采用了这种方法，如果银行实际资本充足率低于最低要求，则存在资本监管的压力，变量取值为 1，否则变量取值为 0。

2. 缺口量方法

由于简单虚拟变量法相对比较简单，没有能充分识别监管压力的大小，Godlewski(2004)采用了一种改进的设定方法，当实际资本充足率低于最低资本要求时，用二者之间的差额表示资本监管压力大小。因为当资本监管存在压力时，压力越大，对信贷供给的影响可能也越大，所以有必要对压力的大小进行衡量，实际资本充足率低于最低资本要求越多，表示资本监管的压力越大。当资本监管不存在压力时，则无需去深入分析具体的无压力程度，即实际资本充足率高于最低资本要求时，与简单虚拟变量法相同，变量取值为 0。因为巴塞尔协议对资本充足率的最低要求为 8%，所以资本监管的压力(*REG*)可以衡量如下：

$$REG=\begin{cases}8\%-\text{银行实际资本充足率，当银行实际资本充足率}<8\%\text{时}\\0\text{，当银行实际资本充足率}>8\%\text{时}\end{cases}$$

（三）动态面板估计方法

由于回归变量中包括了被解释变量的滞后项，因此方程(1)存在着内生性，为了克服该动态方程中的内生性问题，我们拟采用广义矩估计法(GMM)来进行估计。根据 Arellano& Bond(1991)、Arellano & Bover(1995) 和 Blundell & Bond(1998)的思想，GMM 估计法的基本思路可分为两步：首先，对回归方程进行一阶差分，从而消除银行个体固定效应；其次，将滞后变量或滞后变量的一阶差分作为差分方程中对应内生变量的工具变量，从而估计差分方程。简单计算过程描述如下。

首先，将模型(1)中外生的解释变量记为：

$$\chi'_{i,t}=(RR_{i,t},REG_{i,t},LD_{i,t},NPL_{i,t},RNPL_{i,t},FEE_{i,t},H_{i,t})$$

其次，将模型(1)简化为下述形式：

$$LOAN_{i,t}=\alpha\, LOAN_{i,t-1}+\beta\chi'_{i,t}+\nu_i+\mu_{i,t} \tag{2}$$

对式(2)进行一阶差分得到：

$$LOAN_{i,t}-LOAN_{i,t-1}=\alpha(LOAN_{i,t-1}-LOAN_{i,t-2})+\beta(\chi'_{i,t}-\chi'_{i,t-1})+(\mu_{i,t}-\mu_{i,t-1}) \tag{3}$$

如果 $\chi'_{i,t}$ 为严格的外生变量，那么所有 χ'_{it} 都是差分方程(3)的

工具变量,则工具变量为:

$$w_i=\begin{bmatrix} (LOAN_{i,1},\chi'_{i,1},\chi'_{i,2},\cdots,\chi'_{i,t}) & 0 & 0 \\ 0 & (LOAN_{i,1},LOAN_{i,2},\chi'_{i,1},\chi'_{i,2},\cdots,\chi'_{i,t}) & 0 \\ & \cdots\cdots\cdots\cdots\cdots & \\ 0 \quad 0 & (LOAN_{i,1},LOAN_{i,2},..,LOAN_{i,t-2},\chi'_{i,1},\chi'_{i,2},\cdots,\chi'_{i,t}) & \end{bmatrix}$$

如果 $\chi'_{i,t}$ 是前定变量,而不是严格外生,那么只有$[\chi'_{i,1},\chi'_{i,2},\cdots,\chi'_{i,s-1}]$是差分方程(3)在 s 期的工具变量,工具变量为:

$$w_i=\begin{bmatrix} (LOAN_{i,1},\chi'_{i,1},\chi'_{i,2}) & 0 & 0 \\ 0 & (LOAN_{i,1},LOAN_{i,2},\chi'_{i,1},\chi'_{i,2},\chi'_{i,3}) & 0 \\ & \cdots\cdots\cdots\cdots\cdots & \\ 0 \quad 0 & (LOAN_{i,1},LOAN_{i,2},..,LOAN_{i,t-2},\chi'_{i,1},\chi'_{i,2},\cdots,\chi'_{i,t-1}) & \end{bmatrix}$$

二、数据描述与分析

(一) 数据来源

自 1998 年以后,我国在货币政策调控中取消了贷款规模限额控制,各商业银行在大部分时间内获得了贷款自主权,陈学彬等(2009)在分析资本约束时采用的是 1998 年以后的数据。但是我们认为,本章主要关注的重点为银行业监管相关的指标和银行业市场结构对信贷供给的影响,因此在数据选取上需要更加关注银行业监管的实际执行。2003 年 4 月 28 日中国银行业监督管理委员会正式挂牌成立后,开始履行监管职责,中国银行业进入了风险监管与合规监管并重的阶段。因此,我们拟选择 2003 年至 2010 年的银行年度数据进行相关实证分析。在综合考虑各家银行的市场份额和业务经营特点,兼顾数据的可得性后,最终选取了四家国有商业银行和十家股份制商业银行①作为研究的样本,这与我们前一节测算银行业竞争程度的样本也是一致对应的。

---

① 我们选取的银行样本为:四家国有商业银行(工商银行、中国银行、中国农业银行、中国建设银行);十家股份制商业银行(交通银行、招商银行、民生银行、兴业银行、中信银行、华夏银行、广发银行、光大银行、深发展和浦发银行)

所有数据均来源于各家银行年报、《中国金融年鉴》和 Bankscope 数据库，当部分数据出现不一致时，以相关银行的年报为准。因为少数银行在某些年份没有对一些数据进行相关统计，例如不良贷款率、不良贷款拨备覆盖率、资本充足率等，少数统计数据出现了缺失，但是整体占比较少，所以，我们将在后续的计量检验中将相关样本予以直接剔除。

（二）数据描述与处理

1. 商业银行贷款和营业费用的增长情况

从 2003 年到 2010 年，国有商业银行贷款总余额的名义金额增长了 1.7 倍，营业费用的名义金额增长了 1.57 倍；股份制银行贷款总余额的名义金额增长了 3.89 倍，营业费用的名义金额增长了 4.84 倍。国有商业银行与股份制商业银行贷款余额的比值和营业费用的比值均在逐步下降，具体如图 6.2 所示。相关数据表明国有商业银行的贷款市场份额逐年在缩减，同时还将面临着股份制商业银行越来越激烈的竞争压力。

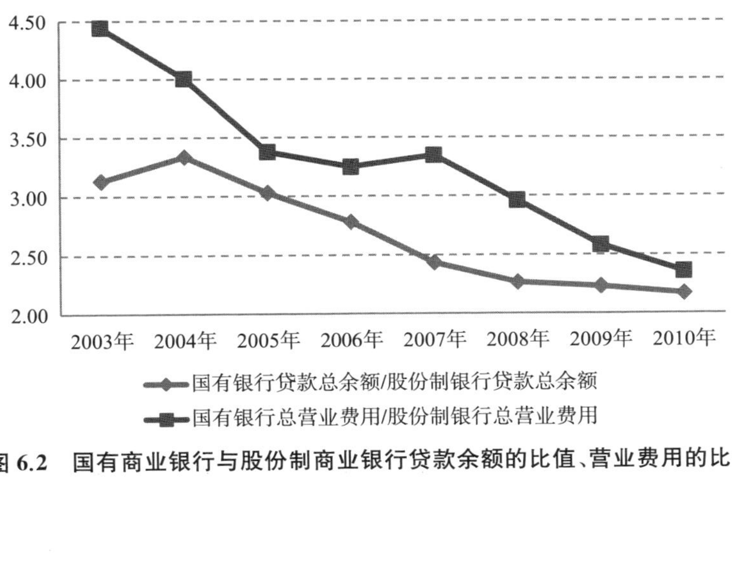

图 6.2　国有商业银行与股份制商业银行贷款余额的比值、营业费用的比值

2. 商业银行资产质量的情况

不良贷款率一直是中国银行业改革进程中的重要指标①，2003—2005 年，除农业银行外，其他三家国有商业银行的不良贷款率通过不良贷款的剥离②、股份制改革等各种手段，大幅度压降了不良贷款率，并在随后的五年中保持了不良贷款率的持续降低。农业银行的改制速度相对落后，但是从 2008 年开始，也大幅降低到了 4.32%，并在两年内进一步降低。截至 2010 年底，除农业银行不良贷款率略高于 2%以外，其他三家国有商业银行的不良贷款率已经降低到了 1%左右，具体情况见图 6.3。

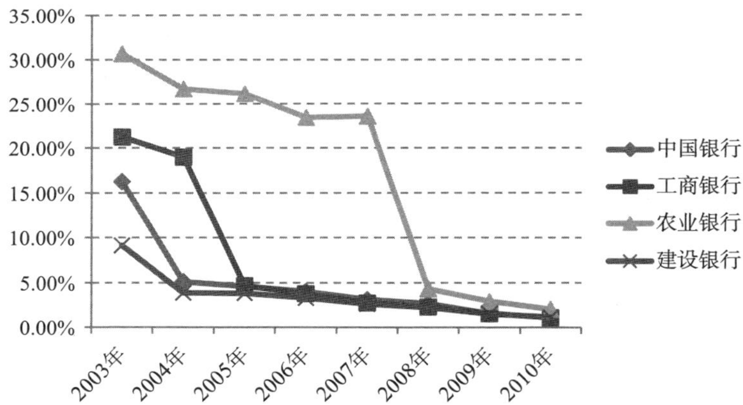

图 6.3　国有商业银行不良贷款率

① 1996 年的《中国人民银行关于印发商业银行资产负债比例管理监控、监测指标和考核办法的通知》中要求“逾期贷款余额与各项贷款余额之比不得超过 8%，呆滞贷款余额与各项贷款余额之比不得超过 5%，呆帐贷款余额与各项贷款余额之比不得超过 2%。”。2006 年开始，中国银行业监督管理委员会颁布《商银行风险监管核心指标(试行)》取代了之前的法规，并要求“不良贷款率为不良贷款与贷款总额之比，不应高于 5%”。

② 从 2004 年开始，四大国有银行开始了第二轮不良贷款剥离，其中工行约7 050 亿元，建行约 2 000 亿元，中行约 1 500 亿元。

与不良贷款率相伴的另一个指标是不良贷款拨备覆盖率，从图 6.4 可以看出，从 2003 年开始，国有商业银行的不良贷款拨备覆盖率稳步提高，农业银行由于数据统计的问题，2003—2006 年的数据偏差较大，但是从 2007 年开始，也逐渐提高。到 2010 年，四大国有商业银行的拨备覆盖率均已经超过了 160%，其中工商银行和建设银行的相关比率已经超过了 200%。

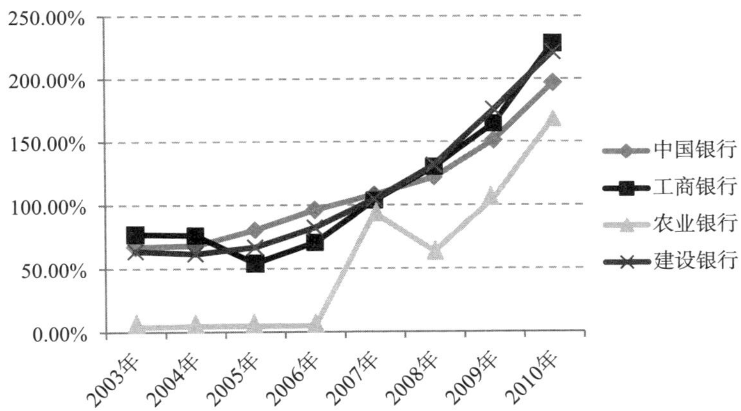

图 6.4 不良贷款拨备覆盖率

我们计算了股份制商业银行的平均资产质量变化情况，如图 6.5 所示。在不良贷款率方面，2004 年该指标突然出现升高，主要是由于广东发展银行和光大银行当年的不良贷款率呈现极端变化，影响了整体的平均水平，如果剔除该两家银行的影响，股份制商业银行的不良贷款率呈现逐年下降趋势；在不良贷款拨备率方面，股份制商业银行稳步提升，并且在 2007 年以后加速提高。与国有商业银行不同，股份制商业银行的资产质量并没有通过不良贷款剥离、股份制改革等手段，在某一年出现大幅变化，说明股份制商业银行资产质量的提高更能够体现自身经营水平的改善。截至 2010 年底，股份制商业银行的平均不良贷款率为 0.82%，不良贷款拨备覆盖率为 268.07%，均优于国有商业银行水平。

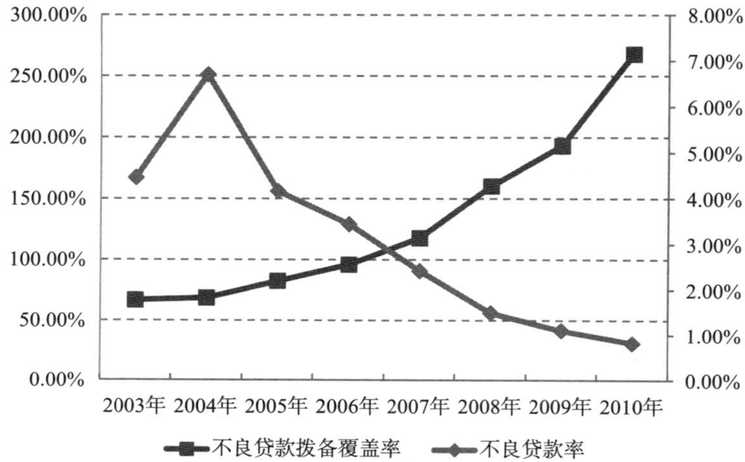

图 6.5 股份制商业银行资产质量情况

3. 商业银行资本充足率、贷存比的变化情况

从 2004 年开始，国有商业银行的资本充足率已经全部达到了 8%的最低监管要求①，2006 年以后，虽然不同年份间存在着波动情况，但是仍然全部处于 11%以上，具体如图 6.6 所示。我们选取的样本中包含了十家股份制商业银行，在此不一一描述每家银行的资本充足率，而是计算了股份制商业银行的平均资本充足率情况，如图 6.7 所示。由于国家政策的倾向性，国有商业银行通过中央汇金公司注资、不良贷款剥离、引进战略投资者和海内外上市等方式，迅速大幅度提高了资本充足率，股份制商业银行的资本充足率整体而言要低于国有商业银行，并且从 2007 年开始才基本能够满足了监管要求。不过需要说明的是，由于光大银行和深发银行 2004—2006 年的资本充足率极低，拉低了这三年的平均水平，如果剔除这两家银行，平均值将在 8%以上，但是整体

① 农业银行由于统计数据的缺失，从 2008 年开始计算资本充足率。

数据仍然表明在实际的经营中，股份制商业银行面临的资本约束可能要高于国有商业银行。

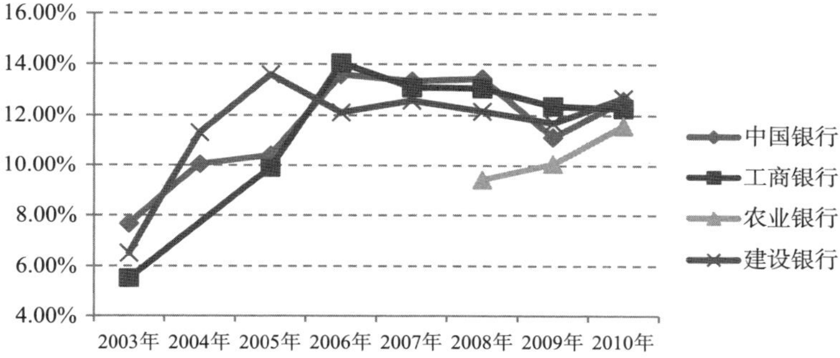

图 6.6 国有商业银行资本充足率情况

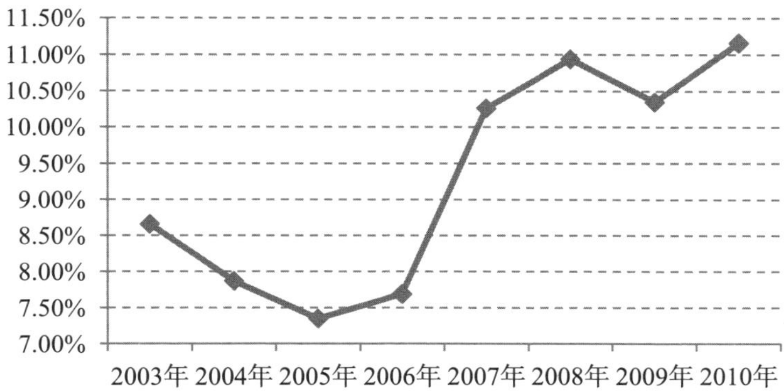

图 6.7 股份制商业银行的平均资本充足率情况

1952—1994 年，在长达 43 年的时间里，我国的金融体系始终是贷款大于存款。1995 年，我国颁布了《中华人民共和国中国人民银行法》和《中华人民共和国商业银行法》，明确规定商业银行“贷款余额与存款余额的比例不得超过百分之七十五”，从此中国银行业才开始出现了“存差”。2003—2010 年，中国银行业整体的贷存比基本处于逐步上升的情况。其中，股份制商业银行的平均贷存比，无论是绝对值还是增长幅度，都要高于国有商业银行，但始终是低于75%的监管要求，具体如图6.8所示。

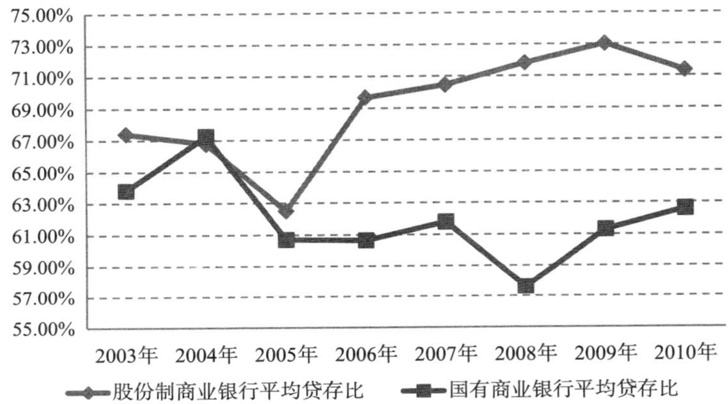

图6.8 商业银行的平均贷存比情况

三、计量模型检验与结果分析

（一）回归方程的检验

1. 资本约束的识别采用简单虚拟变量法

在资本监管压力的测量方面，我们使用了简单虚拟变量法，按照前述选择的估计方法，对基础模型采用系统广义矩估计(System-GMM)方法进行相关检验，，具体结果见表6.3。

表6.3 采用简单虚拟变量法衡量资本约束的总体回归结果

被解释变量：贷款总量余额				
解释变量	模型(1)	模型(2)	模型(3)	模型(4)
贷款总量余额(一阶滞后)	0.887*** (0.119)	0.971*** (0.073)	1.018*** (0.035)	1.038*** (0.019)
不良贷款率	−35 676.04 (36 482.34)	−35 845.36 (24 959.48)	−18 657.78** (8 544.721)	−46 138.56** (18 583.82)

续　表

被解释变量:贷款总量余额				
解释变量	模型(1)	模型(2)	模型(3)	模型(4)
不良贷款拨备覆盖率	1 023.073 (2 002.406)			
资本充足率	7 521.669 (196 087.1)	56 026.51 (132 964.3)	43 164.10 (34 442.57)	100 283.6*** (30 946.00)
法定存款准备金率	−1 448 100 (1 542 919)	−1 312 361 (973 951.8)		−1 063 620** (425 686.7)
贷存比	3 153.323 (7 037.023)	7 612.720 (5 148.235)	7 761.167** (3 324.414)	
营业费用	13.342*** (1.474)	13.223*** (1.174)	9.542*** (0.734)	11.007*** (0.680)
银行间竞争程度	−36 971.89 (25 168.41)	−39 236.59*** (17 505.52)	−17 787.25*** (2 257.637)	−32 803.92*** (7 435.41)
Sargan 检验(p 值)		0.56	0.580 4	0.631 5
Arellano-Bond AR(1)检验(p 值)		0.073 6	0.1	0.067
Arellano-Bond AR(2)检验(p 值)		0.114 7	0.133	0.101

注:括号中标注的为标准差,* 表示 10%水平显著,** 表示 5%水平显著,*** 表示 1%水平显著。

模型(1)的检验显示,大部分解释变量的系数是不显著的,由于代表资产质量的不良贷款率和不良贷款拨备覆盖率存在着共线性,我们在模型(2)中剔除了不良贷款拨备覆盖率,发现资本充足率、法定存款准备金率和贷存比同时不显著,三者之间也存在着共线性的情况,所以我们在模型(3)和(4)中将法定存款准备金率和贷存比分别进行考虑。回归模型的 Sargan 检验表示,模型(3)和(4)不存在显著的工具变量过度识别问题,Arelleno-Bond

序列相关检验显示,残差项在10%水平上存在显著的一阶自相关,但是不存在显著的二阶自相关,满足了相关的统计要求,说明模型(3)和(4)的估计系数是有效的。

2. 资本约束的识别采用缺口变量法

尽管模型(3)和(4)的整体结果通过了相关检验,但是却无法同时分析法定存款准备金率和贷存比的影响,这与我们原先设定模型的初衷存在着偏差,而且(3)和(4)中资本充足率的影响效果不同,结果也不具有稳健性,这可能与简单虚拟变量无法充分识别监管压力有关,因此在资本监管压力的测量方面,我们使用缺口变量法再次对基础模型进行回归分析,具体结果如表6.4所示。

表6.4　采用缺口变量法衡量资本约束的总体回归结果

被解释变量:贷款总量余额			
解释变量	模型(5)	模型(6)	模型(7)
贷款总量余额(一阶滞后)	0.825*** (0.240)	0.996*** (0.065)	0.913*** (0.166)
不良贷款率	−5 093.374 (72 001.55)	−36 990.47* (19 972.20)	
不良贷款拨备覆盖率	3 450.615 (2 866.874)		2 629.363 (1 698.052)
资本充足率	−143 212.7 (377 021.6)	21 560.18 (33 751.22)	−98 439.22 (192 457.1)
法定存款准备金率	−2 044 789 (1 396 724)	−1 542 324*** (478 137.3)	−1 742 118* (897 167.5)
贷存比	−6 756.329 (19 904.85)	10 097.86* (5 675.875)	147.078 (15 931.96)
营业费用	12.520 61*** (4.125)	13.103*** (1.426)	11.568*** (1.066 367)

续　表

被解释变量:贷款总量余额			
解释变量	模型(5)	模型(6)	模型(7)
银行间竞争程度	−34 224.50 (31 196.55)	−41 786.15*** (9 859.88)	−31 290.61*** (11 674.99)
Sargan 检验(p 值)		0.599 9	0.92
Arellano-Bond AR(1)检验(p 值)		0.073 9	
Arellano-Bond AR(2)检验(p 值)		0.118 8	

注:括号中标注的为标准差,* 表示 10%水平显著,** 表示 5%水平显著,*** 表示 1%水平显著。

从模型(5)的检验结果,我们发现大部分解释变量的系数是不显著的。与模型(1)的处理方式类似,考虑到衡量资产质量的不良贷款率和不良贷款拨备覆盖率存在着共线性,因此,我们对模型(5)进行调整,分别将两个指标单独纳入到模型(6)和模型(7)中进行检验。我们认为不良贷款率更能体现资产质量,而且在使用不良贷款率时,模型的整体解释力最强。同时,回归模型的 Sargan 检验表示,模型(6)不存在显著的工具变量过度识别问题,Arelleno-Bond 序列相关检验发现,残差项在 10%水平上存在显著的一阶自相关,但是不存在显著的二阶自相关,满足了相关的统计要求,说明模型(6)的估计系数是有效的。

(二) 结果分析

通过对模型(1)至(6)的检验比较,我们最终选择模型(6)的总体回归结果来进行结论分析。

1. 不良贷款率的影响

我们发现,不良贷款率与信贷供给之间呈现负相关,针对这样的结果,国内学者们给出了不同的因果解释。郭友和莫倩(2006)、徐明东等(2009)认为,随着近几年国内银行业不良贷款率的逐步降低，资产质量的提高促进了贷款供给的增加。但是，白鹤祥(2010)认为，不良贷款率的考核可能会导致商业银行有信贷扩张的冲动，通过提高贷款余额来降低不良贷款率，也就是说贷款余额的提高导致了不良贷款率的降低。

按照我们前期的理论分析，代表资产质量的不良贷款率，会改变商业银行的贷款运营管理成本，为了降低不良贷款率，银行必须改善自身的治理结构，提升风险管理的能力，从而满足内部发展和外部监管的需要，这些都将增加银行的贷款运营管理成本，同时，不良贷款还会制约银行的流动性，给银行的资本带来压力，所以较高的不良贷款率将使得银行的贷款投放行为更加谨慎，减少放贷行为，较低的不良贷款率却可以促进银行的信贷供给。

为进一步进行验证，我们专门针对不良贷款率和贷款余额之间的关系进行了 Granger 因果检验，取滞后阶数为 1 期，结果如表 6.5 所示。结果显示，贷款余额的增加不是不良贷款率下降的原因，而不良贷款率的降低是贷款余额增加的原因。这在很大程度上支持了我们的逻辑分析过程，虽然从数学形式上来看，贷款余额的增加能够降低不良贷款率，但实际情况却主要是银行自身经营状况好转，提高了资产质量，减少了贷款的运营管理成本，最终促进了商业银行信贷投放规模的扩大。

表 6.5　不良贷款率和贷款余额 Granger 因果检验结果

原假设	观测数	F	P	结果
不良贷款率不是贷款余额的 Granger 原因	96	14.326 2	0.000 3	拒绝
贷款余额不是不良贷款率的 Granger 原因	96	0.100 98	0.751 4	接受

2. 资本充足率的影响

我们发现模型(6)的结果显示银行的资本监管压力未对信贷

供给产生显著影响，这与第五章的理论分析存在差异。但是，国内一些学者的实证研究结果却认为资本约束对贷款供给产生挤压，支持了我们第五章的理论分析，究其原因，我们认为可能是选取样本的时间点不同，例如，刘斌(2005)使用的是 1998 年 1 季度至 2005 年 1 季度的数据，样本中包含了 16 家商业银行，研究发现资本相对不足的商业银行，资本约束对贷款的影响程度较大；陈学彬等(2009)对 2004—2007 年的数据单独进行分析，认为银行资本约束解释了 2004—2005 年银行的"惜贷"行为。我们认为上述学者的实证检验之所以能够反映资本约束对信贷供给的影响，主要是因为样本期间的银行资本充足率大部分达不到监管要求。而我们的实证分析没有能够支持理论分析的结论，可能主要有以下两个方面的原因：一方面，2007 年以后，我们所选取的样本银行已经全部满足了资本监管的最低要求，在 2003—2006 年，虽然部分银行没有能够达到 8%的监管要求，但是所占比例仅为 10%，也就是说样本银行基本都没有面临资本监管的约束；另一方面，尽管少数银行可能短期存在着最低资本要求的压力，但是因为当时银行监管的不严格性，使得银行在实际经营中未受到相应的处罚，温信祥(2006)支持了这一观点，赵锡军和王胜邦(2007)则称之为"资本软约束"。

随着巴塞尔协议Ⅲ的出台，对资产充足率的要求将再次提高，部分银行现有的经营数据将无法满足资本监管的要求，如果要符合相应的规定，可能必须对资产组合以及信贷决策行为重新进行调整，因此资本约束的影响在未来将会逐步显现出来。

3. 贷存比和法定存款准备金率的影响

模型(6)中贷存比前的系数均为正数，说明贷存比与贷款总余额之间为正相关关系，与第五章的理论结论相反。我们认为，这主要是由于 2003—2010 年，样本中所有商业银行的贷存比均满足了 75%的监管要求，贷存比没有对信贷供给产生抑制作用。实证检验中所反映出的正向关系，其实是因为贷款总余额不断增长，客观上提高了各家银行的贷存比，在贷存比没有超过监管要求的时候，仅仅是一项银行经营产生的数据值。为了验证我们的猜想，专门针对贷存比和贷款余额之间的关系进行了 Granger 因果检验，取滞后阶数为二期，结果如表 6.6 所示。结果表明，贷款余额的提高确实是贷存比提高的原因。

表 6.6　贷存比和贷款余额 Granger 因果检验结果

原假设	观测数	F	P	结果
贷存比不是贷款余额的 Granger 原因	84	0.588	0.557 4	接受
贷款余额不是贷存比的 Granger 原因	84	11.615 9	0.000 4	拒绝

值得注意的是，由于 2009 年和 2010 年信贷的超额投放，2011 年一些银行在贷存比上出现了超标现象。截至 2011 年 9 月末，华夏银行和中信银行的贷存比分别为 72.8%和 74%，而民生银行、中国银行和交通银行的贷存比更是已经越线，由于银监会对于贷存比监管日趋严格，逼近"红线"的局面已经束缚了银行的贷款投放，贷款规模的增速已经因此而开始放缓。我们相信最新的贷存比数据能够支持第五章的理论结论，即贷存比的约束会抑制信贷供给。江曙霞和何建勇(2011)的理论分析也认为，贷存比红线会使得贷款的边际成本猛增，从而导致均衡贷款量的减少。

模型(6)的结果显示，法定存款准备金率对信贷供给的影响为负，这与我们上一章的理论分析是一致的，同时也与第四章中以整个银行业宏观数据检验的结论相同，即从 2004 年开始，存款准备金率与信贷增加额之间一直维持着负相关的关系。样本中各家银行的超额存款准备金大部分时候低于 4%，并且整体上处于逐年下降的趋势，因此，法定存款准备金率的调整对商业银行的信贷投放能够起到一定的调控作用。

4. 银行业竞争程度和营业费用的影响

模型(6)的结果显示银行业竞争程度越高，单个商业银行的信贷投放越少。钱雪松(2008)指出，当市场的竞争程度不够激烈，垄断程度较高时，只要货币政策的紧缩程度未达到促使最差商业银行退出信贷市场的临界水平，商业银行就不会改变信贷投放行为，信贷的规模也就不会下降。我们认为这在一定程度上支持我们的结论。当整个银行业的竞争性较低时，少数几家大型商业银行在市场中的谈判能力较强，各自的信贷规模以及相应的市场份额均比较高。随着中国银行业改革的深入，越来越多的全国性和地方性的商业银行快速成长起来，各家银行贷款余额的绝对值尽管依然在增长，但是原来处于垄断地位的几家大型银行的市场份额逐步下降。所以，在控制了其他的一些影响因素后，我们认为银行业的竞争程度确实对信贷投放产生了负向作用。

模型(6)的结果显示营业费用对信贷投放产生正向影响，这与上一章的理论结论是相反的。我们认为主要可能是有以下两个方面的原因：一方面，上一章的理论分析中，假定了贷款的营销管理成本取决于贷款专业知识的积累和市场拓展的规模效应，这与我们实际获得的营业费用的数据，在实质上还是存在一定差异的，营业费用包括了银行日常经营活动的各种相关费用，可能无法全部归为贷款投放活动；另一方面，尽管银行的信贷管理能力已经大大提高，但是随着银行业的竞争越来越激烈，银行间争夺优质客户的情况越来越普遍，往往需要投入更多的营销费用才能获得客户资源，因此营业费用越高时，说明营销力度越大，从而能够带来信贷投放的增加。

第三节　银行监管对信贷期限结构影响的实证分析

在第四章的分析检验中，我们发现货币政策工具主要侧重于总量调控，难以对信贷期限结构进行调整，那么银行监管是否能够对信贷期限结构产生影响。在第五章的分析中，我们以商业银行的信贷经营和监管指标的测算为基础，从逻辑上探讨了银行监管对信贷期限结构的可能影响，认为可能存在以下三个命题。

命题一：不良贷款率的约束将增加中长期贷款的占比。

命题二：资本充足率的约束要求将增加中长期贷款的占比。

命题三：贷存比、法定存款准备金率对信贷期限结构没有显著的影响。

那么，在现实中是否确实存在上述情况，我们将采用上一节的模型思路，对三个命题进一步进行的实证检验。

一、银行监管对短期贷款、中长期贷款的影响

针对短期贷款，参考模型(6)，我们建立如下基础模型：

$$SHORTLOAN_{i,t}=\alpha\, SHOTRLOAN_{i,t-1}+\beta_1 RR_{i,t}+\beta_2 REG_{i,t}+\beta_3 LD_{i,t}+\beta_4 NPL_{i,t}+\beta_5 FEE_{i,t}+\beta_6 H_{i,t}+\nu_i+\mu_{i,t} \quad (9)$$

$SHORTLOAN_{i,t}$代表短期贷款余额，资本约束的识别采用缺口变量法，其他变量的含义与之前相同，回归模型的 Sargan 检验表示，模型(9)不存在显著的工具变量过度识别问题，Arelleno-Bond 序列相关检验发现，残差项在 10%水平上存在显著的一阶自相关，但是不存在显著的二阶自相关，满足了相关的统计要求。结果如表 6.7 所示。不良贷款率对短期贷款余额的作用均为显著的负向影响，贷存比对短期贷款余额的作用均为显著的正向影响，法定存款准备金率和资本充足率对短期贷款余额没有显著影响。

表 6.7　金融监管指标对短期贷款的影响

被解释变量：短期贷款余额	
解释变量	模型(9)
短期贷款余额(一阶滞后)	−0.157*** (−11.247)

续　表

被解释变量:短期贷款余额	
解释变量	模型(9)
不良贷款率	−150 013.5*** (−3.285)
资本充足率	110 815.3 (1.413)
法定存款准备金率	−1 470 684 (−1.118)
贷存比	20 790.54*** (4.518)
营业费用	−11.909*** (−16.839)
银行间竞争程度	−131 953.1*** (−4.168)
Sargan 检验(p 值)	0.633
Arellano - Bond AR(1)检验(p 值)	0.091
Arellano - Bond AR(2)检验(p 值)	0.112

注:括号中标注的为标准差,* 表示 10%水平显著,** 表示 5%水平显著,*** 表示 1%水平显著。

与短期贷款类似,针对中长期贷款,我们建立如下基础模型:

$$LONGLOAN_{i,t}=\alpha LONGRLOAN_{i,t-1}+\beta_1 RR_{i,t}+\beta_2 REG_{i,t}+\beta_3 LD_{i,t}+\beta_4 NPL_{i,t}+\beta_5 FEE_{i,t}+\beta_6 H_{i,t}+\nu_i+\mu_{i,t} \tag{10}$$

$LONGLOAN_{i,t}$代表中长期贷款余额,资本约束的识别采用缺口变量法,其他变量的含义与之前相同,相关的检验满足了GMM 统计要求,结果如表 6.8 所示。不良贷款率、资本充足率、贷存比对中长期贷款余额的没有显著的影响,法定存款准备金率对中长期贷款余额的影响为负。

表 6.8　金融监管指标对中长期贷款的影响

被解释变量:中长期贷款余额	
解释变量	模型(10)
中长期贷款余额(一阶滞后)	1.047*** (0.048)
不良贷款率	−137 137.2 (101 456.2)
资本充足率	107 528.2 (86 216.42)
法定存款准备金率	−3 895 285*** (1 336 541)
贷存比	−596.812 (6 250)
营业费用	13.497 45*** (2.509)
银行间竞争程度	−58 564.17** (27 091.88)
Sargan 检验(p 值)	0.895
Arellano - Bond　AR(1)检验(p 值)	0.079
Arellano - Bond　AR(2)检验(p 值)	0.11

注:括号中标注的为标准差,* 表示 10%水平显著,** 表示 5%水平显著,*** 表示 1%水平显著。

二、银行监管对信贷期限结构的调节作用

结合模型(9)和(10)的结论,我们将银行监管指标对短期贷款和中长期贷款的影响总结如表 6.9,从而可以大致判断其对整体信贷期限结构的影响。

表 6.9　银行监管指标对短期贷款和中长期贷款的影响

银行监管指标	短期贷款	中长期贷款	中长期贷款/短期贷款
不良贷款率	负向	不显著	可能为正向
资本充足率	不显著	不显著	无法确定
贷存比	正向	不显著	可能为负向
法定存款准备金率	负向	负向	无法确定

我们发现将银行监管对短期贷款和中长期贷款的影响进行简单叠加时，可能无法严谨地去证明原命题假设，因此仍需要进一步的验证。

在分别检验银行监管对短期贷款和中长期贷款影响时，如果存在同向的影响，则两个独立的模型无法比较其影响的相对大小，所以我们直接将信贷期限结构（中长期贷款余额/短期贷款余额）作为因变量的回归模型(11)，从而检验银行监管对信贷期限结构的作用，模型设定如下：

$$STRUCTURE_{i,t}=\alpha\, STRUCTURE_{i,t-1}+\beta_1 RR_{i,t}+\beta_2 REG_{i,t}+\beta_3 LD_{i,t}+\beta_4 NPL_{i,t}+\beta_5 FEE_{i,t}+\beta_6 H_{i,t}+\nu_i+\mu_{i,t} \quad (11)$$

STRUCTURE 代表信贷期限结构（中长期贷款余额/短期贷款余额），资本约束的识别采用缺口变量法，其他变量的含义与之前相同。模型(11)中的银行业竞争程度($H_{i,t}$)前的变量不显著，而且模型整体未能通过 Arellano - Bond 检验，而且银行竞争度并不是本节需要重点考察的指标，因此我们在模型(12)中将其剔除，相关的检验满足了 GMM 统计要求，最终结果如表 6.10 所示。我们发现，资本充足率的要求将提高中长期贷款的占比，不良贷款率、贷存比、法定存款准备金率对信贷期限结构没有显著影响，这进一步验证了表 6.9 中的结论，除了不良贷款率指标外，实证检验的结论能够很好地支持我们提出的命题假设。

表 6.10　银行监管指标对信贷期限结构的影响

被解释变量:信贷期限结构(中长期贷款余额/短期贷款余额)		
解释变量	模型(11)	模型(12)
信贷期限结构(一阶滞后)	0.365*** (2.722)	0.333*** (2.464)
不良贷款率	−0.132 (−1.442)	−0.132 (−1.565)
资本充足率	−1.53 (−0.627)	0.138*** (3.186)
法定存款准备金率	−0.017 (−1.668)	−1.312 (−1.015)
贷存比	2.33E-05*** (2.753)	−0.016 (−1.571)
营业费用	0.126*** (3.214)	2.32E-05** (2.615)
银行间竞争程度	0.008 (0.191)	
Sargan 检验(p 值)	0.87	0.852
Arellano-Bond　AR(1)检验(p 值)	0.17	0.071
Arellano-Bond　AR(2)检验(p 值)		0.112

综上所述,实证检验的结果显示传统的银行监管,例如不良贷款率的要求、法定存款准备金率的调整,以及贷存比的规定,对银行的信贷期限结构不会造成显著的冲击,相关的硬性约束可能更多地作用于对信贷总量的影响。但是随着巴塞尔协议的逐步实施,资本监管方面执行力度的进一步加强,资本约束对信贷期限结构可能会造成更多的影响。虽然巴塞尔协议在计算风险加权资产时并没有考虑信贷的期限结构,但是从实际计算的情况来看,会间接影响商业银行对不同期限的贷款投放。因为在计算资

本充足率时，目前的权重法会赋予每类资产投资一个权重值，从而估算不同种类投资的风险，风险较高的资产组合将会占用更多的经济资本。所以，从长远来说，商业银行将侧重于发展风险权重较低、资本占用较少的业务。从实际的银行信贷审批来看，短期贷款一般对担保条件的要求要低于中长期贷款，例如，短期流动资金贷款担保方式可能为信用或保证担保，而中长期贷款一般会要求借款人提供抵押物，因而短期贷款相应的风险权重要高于中长期贷款。在宏观经济相对稳定，信贷总规模不变的情况下，商业银行将会倾向于选择风险权小的资产，即提高中长期贷款的占比。

第七章　结论、政策建议与研究展望

货币政策传导机制的“货币观”和“信用观”体现了货币政策影响实体经济的两类不同途径。以这两种观点为理论基础的货币政策操作模式存在着显著的不同，前者以货币供应量为基础，后者则是以调控信用可得性为基础。本书的研究指出中国货币政策传导的主要渠道依然为信用渠道，并以货币经济学的新范式为基础，沿着货币政策的传导途径，从信贷期限结构的视角再次深入分析了中国货币政策的信用传导机制。不同的货币政策操作模式需要有合适的货币政策框架与之对应，以本书的研究结论为依据，通过解析我国现行货币政策框架中存在的一些问题，我们将为如何构建一个更有效的货币政策框架提出一些针对性的政策建议。

第一节　主要结论

全文的主要结论可以概括为以下几个方面。

（一）信贷量期限结构对宏观经济的影响

现有文献在研究信贷量对经济增长和通货膨胀的影响时，常常会得出不一致的结论，我们认为这主要是因为没有对信贷结构进行区分，因此我们按期限的长短将贷款划分为短期贷款和中长期贷款，从信贷量期限结构的视角分析信贷对宏观经济的影响。整体而言，短期贷款和中长期贷款的投向在中国是明显不同的，短期贷款侧重于影响企业的生产经营和居民的消费，中长期贷款的投放则可能会改变企业未来的长期生产经营情况。我们的研究表明，这两类贷款对经济增长和价格总水平的影响存在着显著差别。短期贷款对经济增长虽有短期的促进作用，但却会形成通货膨胀的压力；而中长期贷款对经济增长能够有长期的促进作用，同时对通货膨胀有一定的抑制作用。该结论意味着货币政策在通过信用渠道传导时，由于不同阶段信贷量的期限结构不同，会对宏观经济产生不同的冲击效果。

（二）货币政策对银行信贷供给及其期限结构的影响

我们比较了货币政策的数量型工具和价格型工具在调节信贷规模时的平均效用，整体而言，法定存款准备金率、公开市场业务比利率工具更加有效。随后，通过引入可变参数状态空间模型，我们分析了 1998 年至 2010 年各类工具对信贷量的动态作用过程。法定存款准备金率对信贷增长的影响经历了一个由正向作用到负向作用的过程，并且该工具的调控效力还将会增强；从紧的公开市场业务总是能够对信贷增长产生显著负向影响，随着交易量的提高与操作手段的成熟，该工具的地位或许将进一步得到巩固，成为央行调节信贷最重要的工具；而利率工具则一直无法有效影响信贷增长，依然不适合用于调控信贷量。在信贷期限结构方面，实证检验的结论表明，货币政策工具仅仅能够对信贷总量产生影响，却很难对信贷的期限结构产生调节作用。

（三）银行监管、信贷行为与货币政策效果

随着银行业的不断发展，银行监管对商业银行经营的影响越来越大，商业银行在货币政策的信用传导机制中处于核心地位，因此，银行监管将会改变货币政策的执行效果。我们认为如果要研究银行监管对货币政策的影响，其本质是分析银行监管对商业银行信贷行为的调节作用。本书构建了一个包含银行监管的商业银行信贷决策模型，进行了理论分析，同时测量了 2003 年至 2010 年中国银行业市场结构的变化情况，并以其为基础进行了实证检验。最终我们发现：(1) 较高的不良贷款率、资本充足率的约束将对银行的信贷供给产生负向作用，同时将会增加中长期贷款在总贷款中的比重。(2) 贷存比和法定存款准备金率的约束会减少贷款供给,但是不会影响信贷期限结构。不过,从 2003 年至 2010 年的数据来看,由于监管指标的达标情况良好,资本充足率和贷存比的监管在该阶段并没有对银行信贷产生约束作用。

我们认为银行监管对银行信贷决策的作用最终将会影响货币政策的执行效果。不良贷款率和资本充足率将使得相关监管指标加大银行"顺周期"的经营行为,这与货币政策逆周期的操作是相悖的;而在货币政策扩张时,贷存比的约束很可能会抑制信贷扩张,例如 2011 年下半年,由于前两年信贷的超额投放,数家银行的贷存比已经逼近"红线"或超标,银监会对于存贷比日趋严格的监管,已经开始明显束缚银行的贷款增速。

第二节　政策建议

整体来说,我们发现当货币政策通过信用渠道传导时,货币政策工具能够改变信贷总体规模,但是无法调节信贷的期限结构,而信贷量对宏观经济的作用效果却取决于期限结构。同时,在这一传导过程中,银行监管会对商业银行的信贷行为产生冲击,进而影响货币政策的执行效果。我们的研究结论能够对中国现行货币政策框架的中介目标问题进行一定的解释,并且为中国货币政策框架的设定提供一些政策建议。

一、我国货币政策框架的中介目标问题

国际货币基金组织(IMF)将货币政策框架定义为:运用货币政策工具实现货币政策的操作目标,通过操作目标实现货币政策的中介目标,从而达到货币政策的最终目标的基本架构。[①] 货币

---

① 摘自张雪平,2005:《完善中国货币政策框架的对策研究》,《特区经济》,第 8 期。

政策框架按名义锚主要可以分为汇率目标框架、货币目标框架、通货膨胀目标框架和没有显性名义锚的框架。中国的货币政策在经历了直接调控到间接调控的转变后，最终确定了“以货币供应量为中介目标，保持货币币值的稳定并以此促进经济增长为最终目标”的货币政策框架，同时，由于中国长期以来属于事实上盯住美元的固定汇率制度，因此一般认为目前中国的货币政策框架主要属于货币目标框架，兼具汇率目标框架的特征（陈雨露、周晴，2004；孔丹凤，2008 等）。

近年来，中国的这种货币政策框架在实践中产生了一系列问题，并在一定程度上影响了货币政策的有效性。不少学者通过实证数据认为中国的货币供应量与经济指标之间的相关性变弱，进而认为货币供应量不适合作为货币政策的中介目标。

是什么造成了这样的结果呢？本书关于信贷期限结构对宏观经济影响的分析可以在一定程度上对其解释。目前货币供应量按照不同的统计口径，可以分为 M0、M1、M2 和 M3，中国的货币当局平时主要关注的为 M1 和 M2，这样的统计方式使得货币供应量天然无法区分资金的流向结构，从而只能在整体上观察货币供应量对宏观经济的影响。从整个银行体系来看，无论是 M1 还是 M2，均属于负债方，而信贷属于资产方，本外币信贷余额占 M2 的比例尽管在逐步下降，但目前依然可以达到 65%，所以我们可以考虑从资产方的角度，以信贷量替代货币供应量来分析其对宏观经济的作用。正如我们前文分析的，信贷期限结构的变化会产生不同的经济效应，但是在单纯分析货币供应量时，却无法对其进行结构剖析，从而造成我们不能准确衡量货币政策的有效性。

范从来（2004）认为即使实证研究表明货币供应量与国民经济之间相关性较弱，也不应该简单地抛弃货币供应量作为货币政策的中间目标，需要考虑的是，如何对货币供应量进行修正，从而使货币供应量能够充当货币政策的中间目标。

我们认为虽然中国货币政策目前的中介目标为货币供应量，但是由于存贷款基准利率的设定仍然属于中国人民银行的行政手段，其与货币供应量之间的关联度较低，而货币政策传导机制中“货币观”的核心要点是利率对整个实体经济的调节作用。如果货币供应量无法导致利率的变化，那么即使我们选择了货币目标框架，货币当局在进行货币政策的实践操作时，也不应该简单以货币供应量为中介目标，而应该同时考虑以信用可得性为基础的操作方式。

二、中国货币政策框架的改进

在以上分析的基础上，必须设立以“信用观”为理论指导的货币政策框架，除了现有的货币供应量目标外，还应该关注信贷的可得性以及期限结构问题。随着金融市场的不断发展和监管制度的日益完善，在这一框架中，必须同时考虑到银行监管的影响作用，以及两者的协调问题。

（一）完善货币政策中介目标的设定

货币政策的着眼点是整个宏观经济形势，但是目前以货币供应量为中介目标的货币政策有效性却较弱。我们认为现行的货币政策框架中应该继续加强对信贷量的关注，将其作为货币政策的另一个中介目标，作为对货币供应量的补充指标。并且，由于货币供应量无法区分结构性，而与之对应的信贷量，却可以很容易地进行结构划分，这能够帮助货币当局更好地借助信贷结构实现对宏观经济的调控目标。

从中国货币政策的具体操作来看，信贷规模实际上也一直是货币当局特别重视的中介目标，某些特定阶段甚至采用行政命令的方式进行控制。我们的研究结论表明货币政策工具能够对信贷总量产生明显的调节作用，应该尽量采用间接调控的市场化方式来控制信贷规模。同时，我们在分析中国货币政策的信用传导渠道时，发现不同期限的贷款会对宏观经济产生不同效应，因此，中央政府在利用货币政策调控经济增长和物价水平时，必须要关注信贷期限结构的问题，即不仅仅要重视信贷这个中介目标的总体数量，还要着重考虑中介目标的内部结构，这样才能进一步完善货币政策的有效性。

在经过了近十年的银行业改革后，商业银行已经属于自主经营决策的市场主体，以利润最大化为目的，影响其信贷行为的因素较多，我们不仅仅要分析货币政策的作用，还要综合考虑银行监管和市场竞争等的影响。货币政策工具对信贷量的影响侧重于总体规模，而无法调节信贷的期限结构，因此未来信贷结构的调控主要还是依赖于银行监管制度和信贷政策。

（二）加强对商业银行信贷行为的监管引导

我们在第三章的分析中指出，不同期限结构的信贷之所以会对宏观经济产生不同的作用，主要是因为不同期限的贷款投向存在明显的不同，因此关注信贷期限结构问题，其实就是关注信贷的投向问题。我们发现银行监管能够对银行信贷供给量及其结构产生影响，因此，在货币政策确定了调控基调的基础上，必须重视银行监管的调控作用。在货币政策的框架设定中，不仅要考虑中央银行的作用，还应该将银监会统一纳入考虑，通过银行监管引导商业银行的信贷投向，改变信贷结构，从而真正利用好信贷对宏观经济的调节作用。虽然本书的银行监管中仅仅包括了不良贷款、资本充足率、贷存比等几个单一的指标，但是我们认为如果要更有效地引导商业银行的信贷行为，还应该制定更多的政策法规来调控银行的信贷投放。例如，在货币政策宽松的情况下，对新上项目也应该严格审批，不可盲目投产，存量项目如无真实性需求，也应该予以压缩，谨防信贷大量投放后带来的通胀压力；在货币政策紧缩，贷款规模控制的情况下，也要做到有保有压，对设备改造、技术更新、重要基础设施项目等的资金需求要予以保证，防止紧缩后带来经济的大幅下滑。

从中国的实际经验来看，银行监管机构对这方面的重视已经逐步体现出来。2009年8月份开始，监管部门为规范银行业金融机构信贷业务经营行为，出台了“三个办法一个指引”[①]，严格加强对信贷资金真实性使用背景的监管；2011年《中国银监会关于切实做好2011年地方政府融资平台贷款风险监管工作的通知》中特别规定，符合国家宏观调控政策、发展规划、行业规划、产业政策、行业准入标准，才能继续发放贷款。各项政策法规的出台在客观上大大约束了后续贷款的投向，改变了信贷的整体结构。

（三）协调好货币政策与银行监管政策

我们的研究表明，银行监管不仅仅对银行信贷行为有约束作用，同时具有“顺周期”的特性，经济繁荣的时候，银行的监管指标容易达标，约束作用较小；在经济衰退时，银行监管会更严厉地抑制信贷供给。而货币政策则通常具有“逆周期”的特性，当经济不景气时采取扩张性货币政策，当经济过热高通胀时采取紧缩性货币政策。因此，在某些时期，货币政策和银行监管的目标是不一致的，甚至会出现直接的冲突。未来货币当局在执行货币政策操作时，如果要更好地提高货币政策的效率，必须协调好其与银行监管的关系，充分考虑对方的反应，建立协调机制，提高两者间的信息共享与合作，降低短期目标的冲突，从而保障经济的平稳增长。

在经济繁荣，货币当局执行紧缩性货币政策防止经济过热时，监管部门对银行业的监管应该从严掌握，对信贷投向的范围也应该制定相应的指引，提高对部分过热行业的资金准入门槛，同时，甚至可以短期提高部分监管指标的要求及违规的处罚力度，从而可以协助货币政策更好地压缩信贷增长，并调节信贷结构。在经济萧条，货币当局采取宽松性货币政策促进经济增长时，监管部门应该对部分监管指标进行一定程度的放松，特别是

① “三个办法一个指引”具体指《固定资产贷款管理暂行办法》《项目融资业务指引》《流动资金贷款管理暂行办法》《个人贷款管理暂行办法》。

纯粹的资金约束性要求，例如放宽贷存比的要求、开放再融资市场以补充银行资本金等，并可以对一些特定行业和企业的贷款实行降低准备金、贷款拨备率要求等优惠手段，引导银行从自身利润的角度提高信贷供给。除了监管政策的尺度调整外，还应该从根本监管制度上修改其原有的顺周期性。2007 年至 2009 年的金融危机引起了金融监管当局对银行业监管框架的深刻反思，开始考虑到金融监管上的逆周期，于是巴塞尔协议Ⅲ提出了逆周期资本缓冲，在信贷快速扩张时期计提更多资本和拨备，在经济下行时释放，以维持经济周期内的信贷供给平稳增长。

第三节　研究不足与展望

本书的研究还存在不完善的地方，未来我们可以在相关方面做出改进，并进行更深入的研究。

(1) 本书没有能够直接将商业银行的经营行为融入到宏观经济模型中去，而是沿着货币政策的信用传导途径逐步分析，通过间接的方式来解决宏观研究的微观基础，因此在模型的整体性上可能还有欠缺。动态随机一般均衡模型(DSGE)是研究宏观经济和货币政策的主流框架，未来如何去构建一个涵盖本书所提出的商业银行信贷决策影响因素的综合模型，解决金融摩擦问题，应该是我们进行探讨的方向。

(2) 本书在研究货币政策和银行监管对信贷期限结构的影响时，主要是通过规范性分析方式来探讨相关因素的作用方向，并借助实证检验的方式进行论证，在理论基础上可能有一定的缺陷，未来如果能够建立起一个数理分析模型，推导出相应结论，或许能够帮助我们更好地理解货币政策和银行监管在调整信贷期限结构时的作用机制。

(3) 2011 年起，我国的宏观调控开始引入了一个新的指标概念，即社会融资规模，该指标是从资产方进行统计，包括了贷款等在内，可以更全面地反映金融对实体经济的资金支持，其理论基础也是货币政策传导的信用观点。目前关于该指标对经济增长、物价水平等实体经济变量影响的研究较少，因此未来可以深入分析是否确实存在着社会融资规模的货币政策传导机制，从而弥补对单一贷款研究时的不全面性。

（4）本书主要是沿着狭义的货币政策信用传导机制进行研究，并没有涉及广义的信用渠道，即没有分析资产负债表渠道。未来如果能够从这个视角进行研究，将借款人的财务状况纳入考察范围，进而对供给方（银行）和需求方（企业）进行统一的综合分析，可以使得我们的研究具有更扎实的微观基础。

参考文献

[1] 白鹤祥.中国货币政策传导微观机制研究[M].北京:中国金融出版社,2010.

[2] 陈飞,赵昕东,高铁梅.我国货币政策工具变量效应的实证分析[J].金融研究,2002(10).

[3] 陈龙腾,何建.信贷风险、监管约束与银行最优行为[J].经济评论,2010(4).

[4] 陈学彬,徐明东,蒋祥林.资本约束对商业银行信贷扩张的影响:1998—2007 ——基于中国 14 家商业银行面板数据的分析[D/OL].CFRN 工作论文,CFRN: http://www.cfrn.com.cn/getPaper.do? id=1972.

[5] 陈晓光,张宇麟.信贷约束、政府消费与中国实际经济周期[J].经济研究,2010(12).

[6] 陈雨露,周晴.浮动汇率制度下货币政策操作模式及中国货币状况指数[J].世界经济,2004(7).

[7] 邓向荣,杨彩丽,马彦平.我国银行间同业拆借市场有效性分析[J].财经理论与实践,2010(9).

[8] 范从来,盛天翔,王宇伟.信贷量经济效应的期限结构研究[J].经济研究,2012(1).

[9] 范从来,姜宁,王宇伟.货币银行学[M].南京:南京大学出版社,2006.

[10] 范从来.论货币政策中间目标的选择[J].金融研究,2004(6).

[11] 冯春平.货币供给对产出与价格影响的变动性[J].金融研究,2002(7).

[12] 弗里德曼，哈恩.货币经济学手册(中译本)[M].陈雨露、曾刚、王芳等译.北京：经济科学出版社，2002(1).

[13] 高铁梅.计量经济分析方法与建模[M].北京：清华大学出版社，2009.

[14] 顾标，周纪恩.中央银行应当关注相对价格的变化吗？[J].经济学(季刊)，2010(1).

[15] 国务院发展研究中心金融研究所货币政策传导机制研究组.中国银行体系贷款供给的决定及其对经济波动的影响[J].金融研究，2003(8).

[16] 郭友，莫倩，资本约束与信贷挤压[J].金融研究，2006(7).

[17] 胡莹，仲伟周.资本充足率、存款准备金率与货币政策银行信贷传导——基于银行业市场结构的分析[J].南开经济研究，2010(1).

[18] 侯荣华，张洋，李峰.银行资本与货币政策关系研究评述[J].经济学动态，2010(5).

[19] 黄达.货币银行学[M].北京：中国人民大学出版社，2000.

[20] 黄金老.贷款限额控制应作为明确的政策手段[J].中国金融，2010(10).

[21] 黄金老.实行贷款限额控制的必然性及其优化措施[J].金融发展评论，2010(1).

[22] 黄隽，汤珂.商业银行竞争、效率及其关系研究——以韩国、中国台湾和中国大陆为例[J].中国社会科学，2008(1).

[23] 黄宪，马理，代军勋.资本充足率监管下银行信贷风险偏好与选择分析[J].金融研究，2005(7).

[24] 江曙霞，何建勇.银行资本、银行信贷与宏观经济波动——基于C-C模型的影响机理分析的拓展研究[J].金融研究，2011(5).

[25] 蒋瑛琨，刘艳武，赵振全.货币渠道与信贷渠道传导机制有效性的实证分析——兼论货币政策中介目标的选择[J].金融

研究,2005(5).
[26] 孔丹凤.货币政策框架理论的一般分析[J].上海金融,2008(10).
[27] 李文豪.我国银行经营绩效评价标准对信贷配给程度的影响[J].金融研究,2006(10).
[28] 李斌.中国货币政策有效性的实证研究[J].金融研究,2001(7).
[29] 李伟,韩立岩.外资银行进入对我国银行业市场竞争度的影响:基于 Panzar-Rosse 模型的实证研究[J].金融研究,2008(5).
[30] 李占风,涂占新,陈好.金融危机背景下我国货币政策效应的实证分析[J].经济学动态,2010(10).
[31] 刘斌.我国 DSGE 模型的开发及在货币政策分析中的应用[J].金融研究,2008(10).
[32] 刘斌.资本充足率对信贷、经济及货币政策传导的影响[J].金融研究,2005(8).
[33] 刘秉镰,武鹏,刘玉海.交通基础设施与中国全要素生产率增长——基于省域数据的空间面板计量分析[J].中国工业经济,2010(3).
[34] 刘海英,何彬.工业增长、信贷供求和货币政策调整[J].中国工业经济,2009(7).
[35] 刘金全.货币政策作用的有效性与非对称性研究[J].管理世界,2002(3).
[36] 刘明康.新中国银行业发展历史回顾与未来展望[J].中国金融,2009(19).
[37] 刘涛.中国经济波动的信贷解释:增长与调控[J].世界经济,2005(12).
[38] 卢庆杰.中国货币政策工具有效性分析[J].复旦学报(社会科学版),2007(1).

[39] 陆前进，卢庆杰.我国利率调控面临的困境及政策含义[J].上海财经大学学报，2008(5).

[40] 陆静.巴塞尔协议Ⅲ及其对国际银行业的影响[J].国际金融研究，2011(3).

[41] 孟建华.中国货币政策的选择与发展[M].北京：中国金融出版社，2006.

[42] 米什金.货币金融学(第四版)(中译本)[M].北京：中国人民大学出版社，1998.

[43] 莫万贵，王立元.货币供应量和贷款仍是当前合适的货币政策调控目标[J].经济学动态，2008(2).

[44] 潘敏，缪海斌.银行信贷、经济增长与通货膨胀压力[J].经济评论，2010(2).

[45] 潘松，魏先华，张敏，宋洋，陈敏，银行间支付流与同业拆借利率之关系的实证研究[J].金融研究，2009(1).

[46] 钱雪松.公司金融、银行业结构和货币传导机制[J]金融研究，2008(8).

[47] 申朴，刘康兵.中国城镇居民消费行为过度敏感性的经验分析:兼论不确定性、流动性约束与利率[J].世界经济，2003(1).

[48] 沈悦，周奎省，李善燊.利率影响房价的有效性分析——基于FAVAR模型[J].经济科学，2011(1).

[49] 盛松成，吴培新.中国货币政策的二元传导机制——“两中介目标，两调控对象”[J].经济研究，2008(10).

[50] 盛朝晖.中国货币政策传导渠道效应分析:1994—2004[J].金融研究，2007(7).

[51] 盛松成，吴培新.中国货币政策的二元传导机制[J].经济研究，2008(10).

[52] 孙明华.我国货币政策传导机制的实证分析[J].财经研究，2004(3).

[53] 孙国锋.我国公开市场业务的实践与思考(下)[J].中国货币市场,2003(4).

[54] 索彦峰.货币政策传导机制的理论脉络、内涵界定及实证方法[J].南京审计学院学报,2008(1).

[55] 索彦峰,范从来.货币政策能够影响贷款供给吗?——来自银行资产组合行为的经验证据[J].经济科学,2007(6).

[56] 索彦峰,范从来.货币政策立场指示器的实证研究——来自我国货币政策操作实践的证据[J].南开经济研究,2007(2).

[57] 史青青,费方域,朱微亮.中国信贷市场的配适性分析[J].统计研究,2010(4).

[58] 宋琴,郑振龙.巴塞尔协议Ⅲ、风险厌恶与银行绩效——基于中国商业银行2004—2008年面板数据的实证分析[J].国际金融研究,2011(7).

[59] 童士清.中国金融机构信贷总量增长:文献综述与实证分析[J].金融论坛,2008(1).

[60] 万光彩,刘莉.阐释"中国之谜"——一个基于扩展的总需求总供给模型[J].数量经济技术经济研究,2007(6).

[61] 万广华,张茵,牛建高.流动性约束、不确定性与中国居民消费[J].经济研究,2001(11).

[62] 王国松.通货紧缩下我国货币政策传导的信贷渠道实证分析[J].统计研究,2004(5).

[63] 王国刚.调整利率政策思路 防范银根紧缩[J].农村金融研究,2009(3).

[64] 王红.商业银行的市场结构研究[D/OL]华中科技大学,2005.

[65] 王艺明.流动性过剩、法定存款准备与信用配给[J].经济管理,2008(8).

[66] 王振山,王志强.我国货币政策传导途径的实证研究[J].财经问题研究,2000(12).

[67] 汪洋.中国货币政策工具有效性分析[M].北京:中国金融出版社,2009.
[68] 温信祥.银行资本监管对信贷供给的影响研究[J].金融研究,2006(4).
[69] 吴丽华.我国信贷规模控制的有效性分析[J].经济学动态,2008(10).
[70] 吴培新.货币政策分析中的货币供应量和信贷规模[J].经济科学,2008(5).
[71] 夏德仁,张洪武,程智军.货币政策传导的“信贷渠道”述评[J].金融研究,2003(5).
[72] 许伟,陈斌开.银行信贷与中国经济波动:1993—2005[J].经济学(季刊),2009(3).
[73] 徐惠儿,姜翔程,曹家和.技术进步促进经济增长和福利的机制研究—— 基于 REDUX 模型扩展后的实证分析[J].南方经济,2008(5).
[74] 徐建炜.“中国式”调息、金融管制与信贷扭曲[J].国际经济评论,2011(2).
[75] 余明.中国存款准备金政策有效性分析[J].世界经济,2009(2).
[76] 于则.我国货币政策的区域效应分析[J].管理世界,2006(2).
[77] 约瑟夫·斯蒂格利茨,布鲁斯·格林沃尔德.通往货币经济学的新范式(中译本)[M].陆磊,张怀清译,北京:中信出版社,2005.
[78] 赵锡军,王胜邦.《新资本协议》对商业银行信贷运行的影响——兼论其宏观经济效应[J].国际金融研究,2006(2).
[79] 赵锡军,王胜邦.资本约束对商业银行信贷扩张的影响:中国实证分析(1995—2003)[J].财贸经济,2007(7).
[80] 张军.中国的信贷增长为什么对经济增长影响不显著[J].学术月刊,2006(7).

[81] 张雪平.完善中国货币政策框架的对策研究[J].特区经济，2005(8).

[82] 章晟，李其保.信贷规模对经济增长与物价变动影响的实证分析[J].财贸经济，2009(12).

[83] 周晓艳，韩朝华.中国各地区生产效率与全要素生产率增长率分解(1990—2006)[J].南开经济研究，2009(5).

[84] 周英章，蒋振声.货币渠道、信用渠道与货币政策有效性——中国1993—2001年的实证分析和政策含义[J].金融研究，2002(9).

[85] 钟伟，谢婷.巴塞尔协议Ⅲ的新近进展及其影响初探[J].国际金融研究，2011(3).

[86] 祝继高，陆正飞.货币政策、企业成长与现金持有水平变化[J].管理世界，2009(3).

[87] Arellano M. and O. Bover, 1995, "Another Look at the Instrumental Variable Estimation of Error-components Models", Journal of Econometrics, Vol.68(1), 29-52.

[88] Arellano M. and S. Bond, 1991, "Some Tests of Specification for Panel Data: Monte Carlo Evidence and an Application to Employment Equations", Review of Economic Studies, Vol.58(2), 277-297.

[89] Atta-Mensah, J. and A. Dib, 2008, "Banking Lending, Credit Shocks, and the Transmission of Canadian Monetary Policy", International Review of Economics and Finance, Vol.17(1), 159-176.

[90] Baglioni, A., 2007, "Monetary Policy Transmission under Different Banking Structures: The Role of Capital and Heterogeneity", International Review of Economics and Finance, Vol.16(1), 78-100.

[91] Beatty, A. and S. Liao, 2009, "Regulatory Capital Ratios,

Loan Loss Provisioning and Pro-Cyclicality", work paper.

[92] Bernanke, B. S. and I. Mihov, 1998, "Measuring Monetary Policy", Quarterly Journal of Economics, Vol.108(3), 869 - 902.

[93] Bernanke, B.S. and A. S. Blinder, 1988, "Credit, Money and Aggregate Dmand", American Economic Review, Vol. 78(2), 435 - 439.

[94] Bernanke, B.S. and A. S. Blinder, 1992, "The Federal Funds Rate and the Channels of Monetary Transmission", American Economic Review, Vol.82(4), 901 - 921.

[95] Bernanke, B.S. and M. Gertler, 1989, "Agency Costs, Net Worth, and Business Fluctuations", American Economic Review, Vol.79(1), pp.14 - 31.

[96] Bernanke, B.S. and M. Gertler, 1995, "Inside the Black Box: The Credit Channel of Monetary Policy Transmission", Journal of Economic Perspectives, Vol.9(4), 27 - 48.

[97] Bernanke, B.S., C. S. Lown and B. M. Friedman, 1991, "The Credit Crunch", Brookings papers on Economic Activity, Vol.1991(2),205 - 247.

[98] Bernanke, B.S., J. Boivin and P.S. Eliasz, 2005, "Measuring the Effects of Monetary Policy: A Factor-augmented Factor Autoregressive (FAVAR) Approach", Quarterly Journal of Economics, Vol.120(1), 387 - 422.

[99] Bernanke, B.S., M. Gertler and S. Gilchrist, 1996, "The Financial Accelerator and the Flight to Quality", Review of Economics and Statistics, Vol.78(1), 1 - 15.

[100] Bernanke, B.S., M. Gertler and S. Gilchrist, 1998, "The Financial Accelerator in a Quantitative Business Cycle

Framework", Review of Economics and Statistics, Vol. 78(1), 1-15.

[101] Bliss R. and G. Kaufman, 2002, "Bank procyclicality, credit crunches, and asymmetric monetary policy effects: a unifying model", Journal of Applied Finance, Vol. 13 (2), 23-31.

[102] Blum, J. and M. Hellwig, 1995, "The Macroeconomic Implications of Capital Adequacy Requirements for Banks", European Economic Review, Vol. 39(4), 739-749.

[103] Blundell, R. and S. Bond, 1998, "Initial Conditions and Moment Restrictions in Dynamic Panel Data Models", Journal of Econometrics, Vol.87(1), 115-143.

[104] Boivin J. and M. Giannoni, 2008, "Global Forces and Monetary Policy Effectiveness ", Working Paper.

[105] Bolton P. and X. Freixas, 2000, "Equity, bonds, and bank debt: Capital structure and financial market equilibrium under asymmetric information", Journal of Political Economy, Vol.108(2), 324-351.

[106] Boschen J.F. and L.O. Mills, 1991, "The Effects of Countercyclical Policy on Money and Interest Rates: An Evaluation of Evidence from FOMC Documents", Working Paper.

[107] Bresnahan T.F., 1982, "The Oligopoly Solution Concept is Indentified", Economics Letters, Vol.10, 87-92.

[108] Cavallo M. and G. Majnoni, 2001, "Do banks provision for bad loans in good times? Empirical evidence and policy implications", Work Paper.

[109] Chami, R. and T. Cosimano, 2001, Monetary Policy with

a Touch of Basel, Working Paper.

[110] Christensen I. and A. Dib, 2008, "The Financial Accelerator in an Estimated New Keynesian Model", Review of Economic Dynamics", Vol.11(1), 155 - 178.

[111] Den Haan, W.J., S.W. Sumner, and G.M. Yamashiro, 2007, "Bank Loan Portfolios and the Monetary Transmission Mechanism", Journal of Monetary Economics, Vol. 54(3), 904 - 924.

[112] Diamond, D. and R.G. Rajan, 2000, "A Theory of Bank Capital", Journal of Finance, Vol.55(6), 2431 - 2465.

[113] Douglas W. Diamond and R.G. Rajan, 2006, "Money in a Theory of Banking", American Economic Review, Vol.96 (1), 30 - 53.

[114] Fleming J. M., 1962, "Domestic financial policies under fixed and under floating exchange rates", International monetary fund staff papers, Vol.9(3), 369 - 380.

[115] Gertler M. and S. Gilchrist, 1993, "The Role of Credit Market Imperfections in the Monetary Transmission Mechanism: Arguments and Evidence", The Scandinavian Journal of Economics, Vol.95(1), 43 - 44.

[116] Godlewski C.J., 2004, "Capital Regulation and Credit Risk Taking: Empirical Evidence from Banks in Emerging Market Economies", Working Paper.

[117] Greenwald B.C. and J.E. Stiglitz, 1993, "Financial Market Imperfections and Business Cycles", Quarterly Journal of Economics, Vol. 108(1), 77 - 114.

[118] Hansen, A.H., 1953, "A Guide to Keynes", New York: McGraw-Hill edition.

[119] Hicks J. R., 1937, "Mr. Keynes and the Classics: A Sug-

gested Interpretation", Econometrica, Vol. 5 (2), 147 - 159.

[120] Hicks J.R., 1937, "Mr.Keynes and the Classics: A Suggested Interpretation", Econometrica, Vol.5(2), 147 - 159.

[121] Hovakimian, A. and E. J. Kane, 2000, "Effectiveness of Capital Regulation at US Commercial Banks", Journal of Finance, Vol.55(1), 451 - 468.

[122] Jaffee, D.M. and T. Russell, 1976, "Imperfect Information, Uncertainty, and Credit Rationing", Quarterly Journal of Economics, Vol.90(4), 651 - 666.

[123] Kashyap A. K. and J. C. Stein, 1994, "The Impact of Monetary Policy on Bank Banlance Sheets", Carnegie-Rochester Conference Series on Public Policy, Vol. 42 (1), 151 - 195.

[124] Keeley, M.C. and F.T. Furlong, 1990, "A Reexamination of Mean-variance Analysis of Bank Capital Regulation", Journal of Banking and Finance, Vol.14(1), 69 - 84.

[125] Kiyotaki, N. and J. Moore, 1997, "Credit Cycles", Journal of Political Economy, Vol.105(2), 211 - 248.

[126] Kopecky K.J. and D. VanHoose, 2004a, "Bank capital requirements and the monetary transmission mechanism", Journal of Macroeconomics, Vol.26(3), 443 - 464.

[127] Kopecky K.J. and D. VanHoose, 2004b, "A model of the monetary sector with and without binding capital requirements", Journal of Banking & Finance, Vol. 28(3), 633 - 646.

[128] Lau L., 1982, "On Identifying the Degree of Competitiveness from Industry Price and Output Data", Economics Letters, Vol.10(1 - 2), 93 - 99.

[129] Leland, H. E., 1968, "Saving and Uncertainty: The Precautionary Demand for Saving", Quarterly Journal of Economics, Vol.82(3), 465 - 473.

[130] Ludvigson S.C., 1998, "The Channel of Monetary Transmission to Demand: Evidence From the Market for Automobile Credit", Journal of Money, Credit, and Banking, Vol.30 (3), 365 - 383.

[131] Markidou, A. and F. Nikolaidou, 2008, "The Reaction of Bank Lending to Macroeconomic Fluctuations of Monetary Policy Transmission in Greece", European Journal of Economics, Finance and Administrative Sciences, Vol. 13 (10), 98 - 115.

[132] Markovic B., 2006, "Bank Capital Channels in the Monetary Transmission Mechanism", Bank of England, Working Paper.

[133] Molyneux, P., D. M. Lloyd-Williams and J. Thornton, 1994, "Competitive Conditions in European Banking", Journal of Banking and Finance, Vol.18(3), 445 - 459.

[134] Mundell R. A., 1962, "The appropriate use of monetary and fiscal policy under fixed exchange rates", IMF staff papers, 70 - 77.

[135] Ngalawa, F. and N. Viegi, 2010, "Interaction of Formal and Informal Financial Markets in Quasi-Emerging Market Economies", Working Paper.

[136] Nier E. and L. Zicchino, 2008, "Bank losses, monetary policy and financial stability", Working Paper.

[137] Oliner S. D. and G. D. Rudebusch, 1996a, "Is There a Broad Credit Channel for Monetary Policy ? ", FRBSF Economic Review, Vol.77(3), 3 - 13.

[138] Oliner S.D. and G.D. Rudebusch, 1996b, "Monetary Policy and Credit Conditions: Evidence from the Composition of External Finance: Comment", American Economic Review, Vol.86 (1), 300 - 309.

[139] Panzar J. and J. Rosse, 1987, "Testing for 'Monopoly' Equilibrium", The Journal of Industrial Economics, Vol. 35(4), pp.443 - 456.

[140] Peek, J. and E. Rosengren, 1995, "Bank Regulation and the Credit Crunch", Journal of Banking and Finance, Vol. 19(3 - 4), 679 - 692.

[141] Rime, B., 2001, "Capital Requirements and Bank Behaviour: Empirical Evidence for Switzerland", Journal of Banking & Finance, Vol.25(4), 789 - 805.

[142] Romer C.D. and D.H. Romer, 1989, "Does Monetary Policy Matter? A New Test in the Spirit of Friedman and Schwartz", NBER Macroeconomics Annual, Vol.4, 121 - 184.

[143] Roosa R., 1951, "Interest Rates and the Central Bank, Money, Trade, and Economic Growth: Essays in Honor of John H. Williams", New York: MacMillan.

[144] Safaei J. and N. E. Cameron, 2003, "Credit Channel and Credit Shocks in Canadian Macro-dynamics: A Structural VAR Approach", Applied Financial Economics, Vol.13 (4), 267 - 277.

[145] Shrieves, R. E. and D. Dahl, 1992, "The Relationship Between Risk and Capital in Commercial-Banks", Journal of Banking & Finance, Vol.16(2), 439 - 457.

[146] Sidrauski, M., 1967, "Rational Choice and Patterns of Growth in a Monetary Economy", American Economic

Review, Vol.57(2), 534 - 544.

[147] Sims C.A., 1980, "Macroeconomics and Reality", Econometrica, Vol.48(1), 1 - 48.

[148] Smets F. and R. Wouters, 2003, "An Estimated Dynamic Stochastic General Equilibrium Model of the EURO Area", Journal of the European Economic Association, Vol.1(5), 1123 - 1175.

[149] Stiglitz, J.E. and A. Weiss, 1981, "Credit Rationing in Markets with Imperfect Information", American Economic Review, Vol.71(3), 393 - 410.

[150] Taylor J.B., 1995, "The Monetary Transmission Mechanism: An Empirical Framework", The Journal of Economic Perspectives, Vol. 9(4), 11 - 26.

[151] Thakor, A.V., 1996, "Capital Requirements, Monetary Policy and Aggregate Banking Lending: Theory and Empirical Evidence", Journal of Finance, Vol.51(1), 279 - 324.

[152] Tobin, J., 1969, "A General Equilibrium Approach to Monetary Theory", Journal of Money, Credit, and Banking, Vol.1(1), pp.15 - 29.

[153] Van den Heuvel S.J., 2002, "Does Bank Capital Matter for Monetary Transmission? ", Economic Policy Review, Vol.8, 259 - 265.

[154] Van den Heuvel, S.J., 2003, "The Bank Capital Channel of Monetary Policy, Manuscript, Department of Finance, University of Pennsylvania.

[155] VanHoose D., 2007, "Theories of Bank Behavior under Capital Regulation", Journal of Banking and Finance, Vol.31(12), pp.1 - 14.

[156] VanHoose D., 2008, "Bank Capital Regulation, Economic Stability, and Monetary Policy: What Does the Academic Literature Tell Us?", Atlantic Economic Journal, Vol.36(1), 1573 - 1678.

[157] Williamson S.D., 1987a, "Costly Monitoring, Loan Contracts, and Equilibrium Credit Rationing", Quarterly Journal of Economics, Vol.102(1), 135 - 145.

[158] Williamson S.D., 1987b, "Financial Intermediation, Business Failures, and Real Business Cycles", Journal of Political Economy, Vol.95(6), 1196 - 1216.

[159] Williamson, S.D., 1986, "Costly Monitoring, Financial Intermediation and Equilibrium Credit Rationing", Journal of Monetary Economics, Vol.18(2), 159 - 179.

[160] Yeyati E.L. and A. Micco, 2007, "Concentration and Foreign Penetration in Latin American Banking Sectors: lmpact on Competition and Risk", Joumal of Banking and Finance, Vol.31(6), 1633 - 1647.

后　记

时光荏苒，不知不觉我已经快要脱离青年行列，成为三旬老汉。回首这些年的学习工作经历，每当跟亲友、同学、同事们提及，总有说不完的小故事和人生体会。

当 2001 年第一次进入南京大学的校园时，没有想到过自己会在这所学校待那么久；当 2005 年在与父母的争论中完成考研，进入硕士研究生的学习阶段时，没有想到将来还会继续攻读博士学位；当 2007 年底在复习考博的期间，也未曾料想自己会进入中国银行工作；当 2008 年 4 月，博士生入学录取工作完成时，我决定选择边工作边读博；而 2016 年 8 月，自己离开了工作 8 年的中国银行，转行进入南京农业大学金融学院，成为一名高校教师。每一次的选择，偶然中又有着必然性，或许那是因为怀揣着对未知的好奇心。

回顾求学经历，特别感谢自己的导师范从来教授。范老师渊博的学识、敏锐的观察能力、严谨的研究态度、幽默的谈吐一直让我羡慕不已，也梦想着有一天可以成为他那样的大师。范老师是严格的，不容忍学术研究上的马虎；范老师又是和蔼的，从不会直接训斥学习上的不合格。除了专业知识的积累外，范老师的言传身教让我逐渐懂得如何认知外面的世界，这也成为我博士期间最大的收获。

回顾工作经历，特别感谢中国银行江苏省分行项晞副行长，在经历职业转化的过程中，作为曾经的领导，还一直关心着我进入高校以后的成长，给予我莫大的帮助。还要感谢栾林、俞震、葛乃康、刘洪芹等一批领导和同事对我的诸多指点。

回顾多年来的生活，更要感谢我的父母，这么多年来，不管我做出怎样的决定，他们都默默地支持我、鼓励我，永远是我最坚强的精神后盾。我不是一个喜欢对父母说感谢的人，没做过什么令他们感动的事情，还常常会任性地对他们发脾气。借此机会，再次感谢他们的培育之恩，祝他们永远身体健康。

本书以我的博士毕业论文为基础，既是自己曾经的学术研究成果，更是自己成长的鉴证。因此，尽管书稿中有很多不完善，但斟酌再三，还是考虑予以出版。希望在未来的教学科研道路上，自己能够发挥多年的银行从业经验，运用现代经济学的研究方法，做出更多有社会共鸣和价值的研究。

图书在版编目(CIP)数据

基于商业银行信贷行为的货币政策信用传导机制研究/盛天翔著. —南京:南京大学出版社,2019.7

ISBN 978-7-305-21446-2

Ⅰ. ①基… Ⅱ. ①盛… Ⅲ. ①商业银行—信贷—影响—货币政策—研究—中国 Ⅳ. ①F822.0

中国版本图书馆 CIP 数据核字(2019)第 011196 号

教育部"创新团队发展计划"滚动支持项目"经济转型期稳定物价的货币政策"(IRT_17R52);中央高校基本科研业务费专项资金(010414380001、SKYZ2018026、KJQN201953);国家自然科学基金青年项目"金融科技与银行小微企业信贷供给:效果、机制与对策"(71803081);江苏高校哲学社会科学研究基金项目"监管政策对商业银行信贷行为的影响效应研究"(2017SJB0038);教育部人文社会科学研究青年基金项目"金融科技驱动银行小微企业信贷供给的路径及优化策略研究"(18YJC790134)。

出版发行 南京大学出版社
社　　址 南京市汉口路 22 号　　邮　编 210093
出 版 人 金鑫荣

书　　名 基于商业银行信贷行为的货币政策信用传导机制研究
著　　者 盛天翔
责任编辑 徐　媛
照　　排 南京紫藤制版印务中心
印　　刷 江苏凤凰通达印刷有限公司
开　　本 880×1230　1/32　印张 5.75　字数 152 千
版　　次 2019 年 7 月第 1 版　2019 年 7 月第 1 次印刷
ISBN 978-7-305-21446-2
定　　价 40.00 元

网址:http://www.njupco.com
官方微博:http://weibo.com/njupco
官方微信号:njupress
销售咨询热线:(025)83594756
